JN023924

E kamaʻilio pū kākou!

ハワイ語で話そう

古川敏明　土肥麻衣子

白水社

本書の音声は、白水社のウェブサイトで無料で聞くことができます。

https://www.hakusuisha.co.jp/news/hawaii

ユーザー名：hawaii
パスワード：8903

装丁　森デザイン室
カバーイラスト　後藤恵
本文デザイン　九鬼浩子（株式会社スタジオプレス）
ナレーション　Mathew "Manakō" Tanaka
Takayuki Christopher "Tābō" Nagase

ハワイ語の世界へようこそ

　アロハ！　本書はハワイ語の基礎的なテキストです。到達目標として、ハワイ語の視点から世界を眺められるようになること、ハワイ語で発信できるようになることの 2 点を念頭に作成されました。少し野心的な目標かもしれませんが、本書をうまく利用すれば不可能ではないと思います。

　最初に、ハワイ先住民の言語文化に関するクイズに取り組んでもらうことで、本書で取り上げるハワイ語の特徴が把握できるようになっています。

　次に、ハワイ語の文字と発音についてまとめてあります。日本語の話し手にとってはそれほど難解な点はありませんが、長母音記号のカハコーや子音のひとつであるオキナなど、おそらくあまり馴染みがない内容も含まれています。

　1 から 18 までの基本ユニットでは、ハワイ語の基礎的な文法と語彙を取り上げています。全部カバーすると、大学でハワイ語を 1 年半くらい学んだ程度の水準に到達することを想定していますが、2 〜 3 年目くらいの初級から中級の内容も含まれています。19 と 20 は応用編、21 と 22 は読解編ということで、他のユニットよりも多くのページ数を割き、ハワイ語のウェブ動画を視聴し、記事を読み、SNS への投稿やメールをする内容にしています。本書は社会におけるハワイ語の使用を取り上げることを目指していて、特に練習問題は読者のみなさんが自分に関することを発信するということを念頭に作成してあります。

　22 のユニットの途中には、ハワイ語に関するコラムを掲載していますので、ハワイ語はもちろん、ハワイ先住民文化についてプラス α の知識も得ることができます。また、さらなる学習のためにということで、ウェブ上のリソース、映画、文献も紹介しています。巻末には本書に登場する語彙をまとめたリストを掲載していますので、簡易な辞書として利用してもらえます。

　本書はハワイ語の世界に初めてやってきた方にとってはもちろん、以前からこの世界にいる方にとっても有益な内容になっています。本書を手にとってくださったすべてのみなさんへ、改めて、ハワイ語の世界にようこそ！

著者

目次

＊①と②は『素敵なフラスタイル』に初出の原稿に加筆・修正をしたもの。

ハワイ語クイズ

ハワイ語に関する以下のクイズに〇か×で答えてみてください。

1. ハワイ語はハワイ州で話されている英語の方言である。

2. ハワイ語はアルファベット表記を採用している。

3. ハワイ語の音は、母音と子音で合計13個である。

4. ハワイ語には母音の長短の区別はない。

5. ハワイ語の基本的な語順は動詞から始まる。

6. ハワイ語の名詞句では、名詞に修飾語が後続するのが基本である。

7. ハワイ語の名詞には複数形がない。

8. ハワイ語で「私の親」と「私の子ども」という場合では、「私の」の語形が異なる。

9. 21世紀になり、ハワイ語を母語とする話し手は年配者のみとなった。

10. ハワイ語には現在でも新しい語が追加されている。

11. インターネットには、ハワイ語リソース（デジタル教材など）はほとんど存在しない。

12. ハワイ語の単語は日本語の単語と一対一で対応させて翻訳できる。

ハワイ語クイズ解答

1. ✕　ハワイ語はオーストロネシア語族のポリネシア諸語のひとつです。インド・ヨーロッパ語族の英語とは系統的なつながりはありません。

2. ◯　ハワイ語はアルファベットで表記されます。

3. ◯　ハワイ語の音は母音5個、子音8個、合計13個です。

4. ✕　ハワイ語の母音はa, e, i, o, uの5個ですが、これらに対応する長母音ā, ē, ī, ō, ūがあります。

5. ◯　基本語順は動詞からです。日本語で「私はハワイ語を話す」となるところ、ハワイ語では「話す・私は・ハワイ語を」という語順になります。

6. ◯　基本的には名詞の後に修飾語が来ます。修飾語の後に名詞が続く日本語や英語の名詞句の語順とは異なります。

7. ✕　名詞が複数になると語形が変わるものもあります。

8. ◯　私が選択権を持っているかどうかによって語形が変わります。親は選べませんが、子どもについては選択権があるというのがハワイ語の世界観と言えるでしょう。

9. ✕　1980年代半ばからハワイ語を使用言語とする就学前教育が始まり、若い話し手が誕生していきました。その後、ハワイ語プログラムは小学校以降にも拡大されました。こうした教育を受けた「新しい」話し手は少なくとも数千人います。家庭でハワイ語を使用する人口は2万人とする調査もあります。

10. ◯　時代とともに新しい造語が追加されています。例えば、インターネットは、Pūnaewele Puni Honua（プーナエヴェレ　プニ　ホヌア）です。ハワイ語で表現できないことはないとも言えます。

11. ✕　オンライン辞書や無料のハワイ語講座動画などインターネットには様々なハワイ語のリソースがあります。その多くがハワイ語のみ、あるいは英語とのバイリンガル教材です。19世紀からは100年以上ハワイ語新聞が発行され、多くがデジタル化されて公開されています。ラジオやテレビも存在し、SNSでも使用されています。

12. ✕　言語によって意味範疇がずれているので、完璧に一対一で対応させることができるわけではありません。ハワイ語の意味を伝えるため、便宜的に日本語の単語で対応させて説明しているということになります。

ハワイ語の文字と発音

母音 ◀◽001

　ハワイ語には母音が5つあります。日本語の母音と同じように発音しますが、i はより唇を左右に広げて、u はより唇を突き出すようにして発音します。

ア　エ　イ　オ　ウ
a　e　i　o　u

　これらの母音に対応する長母音が5つあります。ī はより唇を左右に広げて「イー」、ū はより唇を突き出すようにして「ウー」と発音します。文字の上の横棒が長音記号で、カハコーと呼ばれます。

アー　エー　イー　オー　ウー
ā　ē　ī　ō　ū

子音 ◀◽002

　母音以外には、子音が8つあります。

ヘー　ケー　ラー　ムー　ヌー　ピー　ヴィー　ッオキナ
h　k　l　m　n　p　w　ʻ

・w の発音

　子音 w は w と v の2通りの発音があり、後ろに続く母音によってどちらの発音になるか大まかな傾向があります。

　i や e が続く場合、wi（ヴィ）や we（ヴェ）となり、u や o が続く場合、wu（ウ）や wo（ウォ）となります。

　a が続く場合は、wa（ヴァ）と wa（ウァ）のどちらの発音もあります。ただし、ハワイ語には Wai- で始まる地名が多くあり、この場合は、「ワイ -」と発音されます。

・オキナの発音

　子音の中でも特にハワイ語らしい表記としてオキナ（ʻ）があります。喉の中にある左右2枚のひだ（声帯）が合わさって閉じると肺からの空気が止められます。このひだが開いた時に空気が解放されて出る破裂音がオキナです（言語学の用語では声門閉鎖音に当たります）。あえて例えれば、日本語で「あっあ」、「いっい」、「うっう」、「えっえ」、「おっお」という場合の「っ」がオキナと同じ音です。

本書ではハワイ語に日本語でルビをふる時は、オキナを「ッ」で表記します。

ヴィヴォ ッオレ
wiwo ʻole　　　勇敢な

ヴェヘ ヴェヘ
wehewehe　　　説明する

ワイキーキー
Waikīkī　　　ワイキキ（地名）

ワイッアナエ
Waiʻanae　　　ワイアナエ（地名）

ッイリマ
ʻilima　　　イリマの花

音節　　　　　　　　　　　　　　🔊 003

　母音と子音は音節を構成します。音節は母音1つのこともあれば、子音1つと母音1つから構成されることもあります。子音が2つ重なることや、子音で音節が終わることはありません。

オ
o　　　　　　　母音 o からなる音節

オラ
ola　　　　　　母音 o で1つの音節、子音 l と母音 a で1つの音節

　次の単語のペアは、最初の音節が母音だけか、子音と母音かによって、異なる意味になっています。

アラ
ala（a + la）　道

ッアラ
ʻala（ʻa + la）　香り

　単語の意味は、母音の長さによっても変わります。

ッアイナ
ʻaina　　　　　食べ物

ッアーイナ
ʻāina　　　　　大地

　この後から始まるユニットの内、前半の11のユニットでは、ハワイ語にルビをふってあります。これらはゆっくり明瞭に発音した場合です。発音の参考にしてください。後半の11のユニットはルビなしとなっていますが、不明な点が出てきたら、この文字と発音のページを復習しましょう。付属の音声では、単語リストの語はゆっくり明瞭な発音で、例文は自然なスピードで発音されています。自然なスピードで発音された場合、音の脱落などが起きますので、注意して聴いてみてください。

ハワイ語の語順

ハワイ語の基本語順は、「動詞」＋「主語」です。「私は踊ります」だと以下のようになります。

動詞	主語
Hula （フラ）	au. （アウ）
踊る	私

目的語がある場合は、「動詞」＋「主語」＋「目的語」となります。「私はハワイ語を話します」という例を見てみましょう。

ʻŌlelo （ツオーレロ）	au （アウ）	i ka ʻōlelo Hawaiʻi. （イ カ ツオーレロ ハヴァイッイ）
話す	私	ハワイ語を

目的語ではなく、移動の方向や目的地が続く場合は、「動詞」＋「主語」＋「前置詞句」となります。「私はハワイへ行きます」という文です。

Hele （ヘ レ）	au （アウ）	i Hawaiʻi. （イ ハヴァイッイ）
行く	私	ハワイへ

ただ、ハワイ語の語順は英語と比べると、比較的自由です。また、文脈から明らかな場合は省略も珍しくありません。ですので、目的語が文頭に登場することもありますし、目的語だけで発話が成立することもあります。ここで紹介した以外にも、ʻO あるいは He から始まる２種類の等位文（「A は B です」）があったり、Aia あるいは Eia で始まるものの存在を表現する文もありますので、詳細については、以下に続くユニットやコラムを参照してください。

ちなみに、ハワイ語の世界観でハワイ語の構造を説明しようという試みもあります。この試みでは、ハワイ語は、３つの要素 poʻo, piko, ʻawe からなると説明されます。これはハワイ語の文と生物のタコ heʻe の体（頭、体の中心、触手）を関連付けた一種の比喩ということができます。

po‘o	piko	‘awe
頭	へそ（中心）	触手

　例えば、「私はハワイ語を話します」という文は以下のような構造になっているということです。

po‘o	piko	‘awe
頭	へそ（中心）	触手
ッオーレロ ‘Ōlelo	アウ au	イカ　ッオーレロ　ハヴァイッイ i ka ‘ōlelo Hawai‘i.
話す	私	ハワイ語を

　「話す」がポッオ、「私」がピコ、「ハワイ語を」がッアヴェにそれぞれ対応しています。このように、独自の概念でハワイ語の文の構造を記述することは、消滅の危機に瀕したハワイ語を自らの手に取り戻すという意思表明ということになるでしょう。

基本編

I Aloha mai kāua !

できるようになること：挨拶する①
ハワイ語のしくみ：朝昼晩夜の挨拶、人称代名詞、ē（呼びかけ）

🔊 004

アロハ　マイ　カーウア
❀ **Aloha mai kāua !**

アロハ　マイ　カーウア
✿ **Aloha mai kāua !**

❀ アロハ！

✿ アロハ！

 Māpuna ʻōlelo　表現／基本フレーズ

1　アロハ　マイ　カーウア
Aloha mai kāua !
アロハ！（話し手と聞き手の2人の間での挨拶）

2　アロハ　マイ　カーコウ
Aloha mai kākou !
アロハ！（話し手と聞き手で3人以上の間での挨拶）

3　アロハ　エー　ケカイ
Aloha ē Kekai !
アロハ、ケカイ！

🔊 005

Hua ʻōlelo
単語

アロハ
aloha　アロハ（挨拶として、おはよう、
　　　こんにちは、こんばんは等）

マイ
mai　話し手の方へ

カーウア
kāua　私たち2人

カーコウ
kākou　私たち3人以上

エー
ē　ē＋人名で呼びかけ

ケカイ
Kekai　ケカイ（人名）、kai（海）

Kamaʻilio　会話のポイント

❶ 2人の間での挨拶
Aloha mai kāua !
<ruby>ア ロ ハ<rt></rt></ruby>　<ruby>マ イ カ ー ウ ア<rt></rt></ruby>

定番中の定番の挨拶といえば、Aloha！です。これだけでも文脈によって、「おはよう」、「こんにちは」、「こんばんは」、「ありがとう」、「さような ら」を意味することができる万能な表現です。しかし、これに人称代名詞や 呼びかけを加えることで様々な挨拶の表現ができます。話し手と聞き手の2人 の間での挨拶は、Aloha mai kāua！です。kāuaは「私たち2人」という意味 です。

❷ 3人以上の間での挨拶
Aloha mai kākou !
<ruby>ア ロ ハ<rt></rt></ruby>　<ruby>マ イ カ ー コ ウ<rt></rt></ruby>

話し手の他に複数の聞き手がいる場での挨拶が、Aloha mai kākou！です。 kākouは「私たち3人以上」を意味する人称代名詞です。大勢の人が集まった 場での挨拶としてよく使われています。

❸ 呼びかけ　ē ＋ 人名
<ruby>エ ー<rt></rt></ruby>

🔊 006

ēと人名で呼びかけ、相手の注意をひく表現です。相手に対する親しみを表 現することもできます。単独で使うこともできますし、Alohaなどの挨拶の 前後に足すこともできます。例えば、ケカイさんに呼びかけるなら、Aloha mai kāua ē Kekai！となりますし、先に呼びかけて、Ē Kekai, aloha mai kāua！ということも可能です。同じように、一般名詞でも、目の前にいる人の 間柄や身分を指す語と一緒に用いることもできます。さらに、呼びかけの度 合いを強める方法として、名前などの後にēを繰り返すことがあります。

ē ke kumu	先生！
ē nā haumāna	生徒のみなさん！　＊nāは複数の名詞に先行する印
ē Kekai ē	ケカイ！

■挨拶

Aloha **kakahiaka**! おはよう！
<small>カカヒアカ</small>

Aloha **awakea**! こんにちは！
<small>アヴァケア</small>

Aloha **ahiahi**! こんばんは！
<small>アヒアヒ</small>

Aloha **aumoe**! おやすみ！
<small>アウモエ</small>

■おはよう！

Aloha kakahiaka mai **kāua**!
<small>カーウア</small>

Aloha kakahiaka mai **kākou**!
<small>カーコウ</small>

Aloha kakahiaka mai **ē ke kauka**!
<small>エーケカウカ</small>

◀ 008

単語 <small>Hua ʻōlelo</small>

<small>カカヒアカ</small> kakahiaka	朝		<small>アウモエ</small> aumoe	真夜中
<small>アヴァケア</small> awakea	昼		<small>カウカ</small> kauka	医者
<small>アヒアヒ</small> ahiahi	夕			

alohaは比較的新しい挨拶で、他の表現もあります。

もうひとこと
🔊 009

'Ano'ai !
ッアノッアイ

▶ 'Ano'ai !／'Ano'ai kāua !／'Ano'ai kākou !
ッアノッアイ　カーウア　　ッアノッアイ　カーコウ

alohaよりも前の時代から使われていた伝統的な挨拶です。

Welina !
ヴェリナ

▶ Welina !

口頭で、あるいは手紙で。'Ano'aiと同様、伝統的な挨拶。

Hūi !
フーイ

▶ Hūi ! Aloha mai kākou !

おーいと呼びかける表現です。単独でも、他の挨拶表現と一緒に使うことも
できます。

Eō !
エオー

▶ Eō !

名前を呼ばれたら、その返答として「はい！」「ここです！」

🌿 練習問題

1）こんばんは！（alohaを用いて、自分を入れて3人以上がいる場で）

2）おやすみ！（alohaを用いて、自分を入れて2人がいる場で）

3）おーい！カレフア！ 　　　　　　　　　ヒント　カレフア Kalehua

4）挨拶（'ano'aiを使って、自分を入れて3人以上がいる場で）
　　　　ッアノッアイ

5）挨拶（welinaを使って、自分を入れて2人がいる場で、友達に呼びかける）
　　　　ヴェリナ
　　　　　　　　　　　　　　　　　　ヒント　友達 ke hoa
　　　　　　　　　　　　　　　　　　　　　　　　ケ　ホア

解答

1）Aloha ahiahi mai kākou !
　　アロハ アヒアヒ　マイ カーコウ

2）Aloha aumoe mai kāua !
　　アロハ アウモエ　マイ カーウア

3）Hūi! Ē Kalehua !
　　フーイ エー カレフア

4）'Ano'ai mai kākou !
　　ッアノッアイ　マイ カーコウ

5）Welina mai kāua　ē ke hoa !
　　ヴェリナ　　マイ カーウア エー ケ ホア

2 Pehea ʻoe ?

できるようになること：挨拶する②
ハワイ語のしくみ：調子を説明する表現、人称代名詞

🔊 010

🌺 **Pehea ʻoe ?**
（ペ ヘ ア ッオエ）

🌺 **Maikaʻi au.**
（マイカッイ アウ）

🌺 調子はどうですか？
🌺 元気です。

  Māpuna ʻōlelo　表現／基本フレーズ

1 Pehea ʻoe ē Kamanu ?
（ペ ヘ ア ッオエ エー カ マ ヌ）
調子はどう、カマヌ？

2 Maikaʻi nō au.
（マイカッイ ノー アウ）
私はとても元気です。

3 ʻAno maikaʻi au.
（ッアノ　マイカッイ アウ）
私はまあ元気です。

🔊 011

Hua ʻōlelo
単語

au 私
（アウ）

pehea どう
（ペ ヘ ア）

ʻoe あなた
（ッオエ）

Kamanu カマヌ（人名）、manu（鳥）
（カ マ ヌ）

maikaʻi 良い、元気
（マイカッイ）

nō とても（強調）
（ノー）

ʻano いくらか
（ッアノ）

Kama'ilio　会話のポイント

❶ 調子を尋ねる　Pehea 'oe ?
ペ ヘ ア ッオエ

peheaは「どう」という意味です。pehea ?だけで相手（聞き手1人）の調子を尋ねることも可能ですが、相手を指す人称代名詞を加えて、Pehea 'oe ?という尋ね方が定番です。

ハワイ語ではこのような質問文のイントネーションは、言い出しでぐっと上がり（ぺヘア⤴）、最後でぐっと下がります（オエ⤵）。発話時にこの点を意識するとハワイ語らしい発音になります。調子を尋ねる際は、「相手へ呼びかけ」ē＋人名を加えることもできます。

❷ とても〜　〜nō
ノー

調子を尋ねられて応答する表現です。Maika'i au.だったら「私は元気です」という意味ですが、これを「とても元気です」というように強調した表現にするには、強調の表現nōをmaika'iの後ろにつけて、Maika'i nō au.とします。このように、基本的なハワイ語の語順は、被修飾語（maika'i）＋修飾語（nō）です。

❸ まあ〜　'ano 〜
ッアノ

'anoは「いくらか」という意味で、'ano maika'iで「いくらか元気、まあ元気です」という意味になります。修飾語の後ろにつくnō「とても」と異なり、'anoは修飾語の前につきます。

■～の調子はどうですか？

Pehea ʻolua？
(ッオルア)

Pehea ʻoukou？
(ッオウコウ)

■とても～

maʻi nō
(マッイ)

nāwaliwali nō
(ナーヴァリヴァリ)

maka hiamoe nō
(マカ ヒアモエ)

Hua ʻōlelo
単語

ʻolua（ッオルア）　あなたたち（2人）

ʻoukou（ッオウコウ）　あなたたち（3人以上）

maʻi（マッイ）　病気の

nāwaliwali（ナーヴァリヴァリ）　弱っている

maka hiamoe（マカ ヒアモエ）　眠い

20

「自分たち」の調子を返答してみましょう。

māua 私たち（2人）

▶ Maikaʻi nō māua.　私たち（2人）はとても元気です。

ここでは「聞き手（あなた）を含まない私たち（2人）māua」を用います。「聞き手を含む私たちkāua」と異なります。

mākou 私たち（3人以上）

▶ ʻAno maikaʻi mākou.　私たち（3人以上）はまあ元気です。

「聞き手を含まない私たち（3人以上）mākou」を用います。「聞き手を含む私たちkākou」と異なります。

練習問題

1) 私はとてもめまいがします。　**ヒント** めまいがする poluea

2) 私たち（2人、聞き手を含まない）はいくらか忙しいです。

　ヒント 忙しい paʻahana

3) 私たち（3人以上、聞き手を含まない）は疲れています。

　ヒント 疲れている māluhiluhi

4) あなたたち（2人）はちょっとがっかりしています。

　ヒント がっかりした hoka

5) （調子を尋ねられた応答として）全くいつもと同じです。

　ヒント いつもと同じ ʻo ia mau

解答
1) Poluea nō au.
2) ʻAno paʻahana māua.
3) Māluhiluhi mākou.
4) ʻAno hoka ʻolua.
5) ʻO ia mau nō.

3 A hui hou kāua !

できるようになること：挨拶する③
ハワイ語のしくみ：別れる時の表現、命令形

◀ 015

ア　フイ　ホウ
🌸 A hui hou !

ア　フイ　ホウ　カーウア　エ　マーラマ　ポノ
🌺 A hui hou kāua ! E mālama pono !

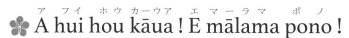

🌸 またね！
🌺 またね！　お大事に！

 Māpuna ʻōlelo　表現／基本フレーズ

1 ア　フイ　ホウ
A hui hou !
またね！

2 ア　フイ　ホウ　カーウア
A hui hou kāua !
またね！（話し手と聞き手の2人の間で）

3 エ　マーラマ　ポノ
E mālama pono !
じゃ、お大事に！

◀ 016

Hua ʻōlelo 単語

ア
a　〜まで

フイ
hui　会う

ホウ
hou　再び

エ
e　e＋動詞で命令文

マーラマ
mālama　世話をする

ポノ
pono　正しい

Kama'ilio　会話のポイント

❶ 別れ際の挨拶

A hui hou !
ア　フイ　ホウ

ハワイアンソング、「アロハ・オエ」に、until we meet again（私たちがま
た会う時まで）という歌詞があるのですが、これのハワイ語表現がまさにA
hui hou!です。別れ際の挨拶として使います。なお、A hui houは定型表現
の一種ですが、動詞＋houで、「再び～する」という意味になります。

❷ 聞き手を含む別れ際の挨拶

A hui hou kāua !
ア　フイ　ホウ　カーウア

A hui hou !と同じように使います。話し手と聞き手の間の挨拶では、（聞き
手を含む）私たち2人を意味する人称代名詞kāuaを足すことができます。さ
らに、その場に3人以上いる場合は、（聞き手を含む）私たち3人以上を意味
するkākouを足し、A hui hou kākou !とすることもできます。

❸ お大事に!

E mālama pono !
エ　マーラマ　ポ　ノ

別れる時の挨拶代わりに使えます。E mālama pono !と言った後に、A hui
hou !と続けることもできます。
e＋動詞で「～しろ」という命令の表現になります。mālamaが「世話をす
る」という動詞で、後続するponoが「正しく」を意味する修飾語として、動
詞句を形成しています。

23

■ ～をしろ！

E hiamoe！
（ヒアモエ）

E hele！
（ヘレ）

E kū！
（クー）

E maka‘ala！
（マカッアラ）

E ho‘omau！
（ホッオマウ）

E helu papa！
（ヘルパパ）

Hua ʻōlelo
単語

ヒアモエ hiamoe	寝る	マカッアラ maka‘ala	気をつける
ヘレ hele	行く	ホッオマウ ho‘omau	続ける
クー kū	立つ	ヘルパパ helu papa	数える

24

別れ際の挨拶のバリエーションを覚えましょう。

別れ際の挨拶「～によろしく」

▶ Aloha aku i kou ʻohana!　あなたの家族によろしく！
　<ruby>Aloha<rt>アロハ</rt></ruby> <ruby>aku<rt>アク</rt></ruby> <ruby>i<rt>イ</rt></ruby> <ruby>kou<rt>コウ</rt></ruby> <ruby>ʻohana<rt>ッオハナ</rt></ruby>

akuは方向詞（話し手から離れて）、iはここでは方向「～へ／に」を表す前置詞、ʻohanaは「家族」を意味する名詞です。

別れ際に相手を思いやる「～をお大事に！」

▶ E mālama pono ʻoe iā ʻoe iho!　あなた自身をお大事に！
　<ruby>E<rt>エ</rt></ruby> <ruby>mālama<rt>マーラマ</rt></ruby> <ruby>pono<rt>ポノ</rt></ruby> <ruby>ʻoe<rt>ッオエ</rt></ruby> <ruby>iā<rt>イアー</rt></ruby> <ruby>ʻoe<rt>ッオエ</rt></ruby> <ruby>iho<rt>イホ</rt></ruby>

▶ E mālama pono ʻoe i kou ola kino!
　<ruby>E<rt>エ</rt></ruby> <ruby>mālama<rt>マーラマ</rt></ruby> <ruby>pono<rt>ポノ</rt></ruby> <ruby>ʻoe<rt>ッオエ</rt></ruby> <ruby>i<rt>イ</rt></ruby> <ruby>kou<rt>コウ</rt></ruby> <ruby>ola<rt>オラ</rt></ruby> <ruby>kino<rt>キノ</rt></ruby>
　　　　　　　　　　　　　　あなたの健康をお大事に！

ʻoe ihoは「あなた自身」、kou ola kinoは「あなたの健康」という意味です。どちらも動詞mālamaの目的語にあたります。ʻoeの後のiā, iは主語がʻoe「あなた」であることを明示しています。最初の例文では、主語と目的語がともにʻoe「あなた」です。目的語の印iāとiについてはユニット9で取り上げます。

🌿 練習問題

1) 座って！　　　　　　　　　　　　　　　ヒント 座る <ruby>noho<rt>ノホ</rt></ruby>

2)（私たち3人の間で）またね！

3) もう一回見て！　　　　　　　　　　　　ヒント 見る <ruby>nānā<rt>ナーナー</rt></ruby>

4) カイアアによろしく伝えてね！　　　ヒント カイアアに <ruby>iā Kaiʻa<rt>イアー カイッア</rt></ruby>

5) 生徒たちによろしく伝えてね！　　ヒント 生徒たちに <ruby>i nā haumāna<rt>イ ナー ハウマーナ</rt></ruby>

解答

1) E noho!　<ruby></ruby><rt>エ ノ ホ</rt>

2) A hui hou kākou!　<rt>ア フイ ホウ カーコウ</rt>

3) E nānā hou!　<rt>エ ナーナー ホウ</rt>

4) Aloha aku iā Kaiʻa!　<rt>アロハ アク イアー カイッア</rt>

5) Aloha aku i nā haumāna!　<rt>アロハ アクイ ナー ハウマーナ</rt>

基本編

4 ʻO Kealoha koʻu inoa.

できるようになること：自己紹介①、名前
ハワイ語のしくみ：話題の印、所有、名詞の印、人名に用いられる単語、さまざまな名前

🔊 020

🌺 Aloha ! ʻO Kealoha koʻu inoa. ʻO wai kou
アロハ　　ッオ ケアロハ コッウイノア ッオ ヴァイ コウ
inoa ?
イノア

🌸 Aloha ! ʻO Kapua koʻu inoa.
アロハ　　ッオ カ プ ア コッウイノア

🌺 アロハ！私の名前はケアロハです。あなたの名前は何ですか？
🌸 アロハ！私の名前はカプアです。

 Māpuna ʻōlelo　表現／基本フレーズ

1 ʻO Kealoha koʻu inoa.
ッオ ケアロハ コッウイノア
私の名前はケアロハです。

2 ʻO Kapua koʻu inoa.
ッオ カ プ ア コッウイノア
私の名前はカプアです。

3 ʻO wai kou inoa ?
ッオ ヴァイ コ ウ イノア
あなたの名前は何ですか？

🔊 021

 Hua ʻōlelo
単語

inoa　名前
イノア

Kealoha　ケアロハ（人名）
ケアロハ

Kapua　カプア（人名）
カ プ ア

koʻu　私の
コッウ

kou　あなたの
コウ

wai　誰
ヴァイ

Kamaʻilio 会話のポイント

---

❶ 私の名前は～です。 'O ～ koʻu inoa.
ツオ　　コッウ イノア

「私の名前は～です」のように、名前をいう表現は'oから始まります。この
文頭の'oは話題を表す印です。「AはBです」という時、Bが固有名詞の場
合は'oから始めます。一方、Bが普通名詞で、いくつもあるうちの1つとい
う場合はheから始めます。heで始まる表現はユニット6で取り上げます。
koʻu inoaは「私の名前」という意味になります。koʻuは「私の」という所
有を表す単語なので、名前以外のさまざまな名詞とも組み合わせることがで
きます。

  ▶ koʻu maka　　　　私の目　　　　　　　　　　　　　◀ 022

---

❷ 名詞につく印 'O Kapua koʻu inoa.
ツオ カ プ ア コッウ イノア

名前のKapuaはKaとpuaに分けられます。puaは「花」という名詞なので、
「花さん、花ちゃん」ということですね。KealohaはKeとalohaに分けられ
ます。alohaは挨拶で使うaloha!と同じ単語です。
このように、ハワイ語では名詞であることを表す印kaかkeが名詞の前につき
ます。どちらがつくのかは、後続する名詞の最初の音で決まります。最初の
音がa, e, o, kの名詞にはkeがつきます。それ以外の音の名詞にはkaがつきま
す。これを「keaoのルール」として覚えましょう。keaoはkeとaoに分けられ
ケ アオ
ます。aoは多義語で「光、日、雲、世界」などを意味する名詞です。

---

❸ 「誰」を尋ねる'O wai 'O wai kou inoa ?
ツオ ヴァイ　コウ イノ ア

'oは話題を表す印です。①と②では人の名前が話題になっています。'oは他
に疑問詞のwai「誰」や三人称の人称代名詞ia「彼／彼女／それ」にもつき
ます。相手の名前を尋ねる時は、'O wai kou inoa ?となります。（直訳では
「あなたの名前は誰ですか?」）ハワイ語ではkou「あなたの」とkoʻu「私
の」の語形が似ているので注意が必要です。

■私の名前は～です。

'O **Kaipo** ko'u inoa.
<small>カイポ</small>

'O **Keola** ko'u inoa.
<small>ケオラ</small>

'O **Māhealani** ko'u inoa.
<small>マーヘアラニ</small>

■あなたの名前は～です。

'O **Kalani** kou inoa.
<small>カラニ</small>

'O **Keali'i** kou inoa.
<small>ケアリッイ</small>

'O **Ikaika** kou inoa.
<small>イカイカ</small>

024

Hua 'ōlelo
単語

ipo 恋人 <small>イポ</small>	**lani** 天、空 <small>ラニ</small>
ola 生命 <small>オラ</small>	**a li'i** 貴族階級 <small>アリッイ</small>
Māhealani 満月の夜 <small>マーヘアラニ</small>	**ikaika** 強い <small>イカイカ</small>

いろいろな種類の名前をいってみましょう。

もうひとこと
🔊 025

inoa piha フルネーム
イノア ピ ハ

▶ 'O Kealoha Lawai'a ko'u inoa piha.
私のフルネームはケアロハ・ラヴァイッアです。

inoa Kepanī 日本語名
イノア ケパ ニー

▶ 'O ～ ko'u inoa Kepanī.　私の日本語名は～です。

inoa Pelekania / inoa haole 英語名
イノア ペレカニア イノア ハオレ

▶ 'O Sophia ko'u inoa Pelekania.　私の英語名はソフィアです。
外来語である英語名Sophiaにはハワイ語にない音、文字（ここではs）が入っています。ただし、Sophiaをハワイ語にある音、文字で表すとKokiaのようになります。
コキア

練習問題

1) 私の名前は（この本を読んでいるあなたの名前）です。

2) 私のフルネームはカプア・カイノアです。

3) あなたの家族名はラヴァイッアです。　ヒント 家族名 inoa 'ohana
イノア ッオハナ

4) 私のニックネームはプアです。　ヒント ニックネーム inoa kapakapa
イノア カ パ カ パ

5) 夢の中で授かったあなたの名前はケアロハです。

ヒント 夢の中で授かった名前 inoa pō
イノア ポー

解答

1) 'O あなたの名前 ko'u inoa.
ッオ　　　　　　コッウ イノア

2) 'O Kapua Kainoa ko'u inoa piha.
ッオ カプ ア カイノア コッウ イノア ピ ハ

3) 'O Lawai'a kou inoa 'ohana.
ッオ ラヴァイッア コウ イノア ッオハナ

4) 'O Pua ko'u inoa kapakapa.
ッオ プ ア コッウ イノア カ プ カ パ

5) 'O Kealoha kou inoa pō.
ッオ ケアロハ　コウ イノア ポー

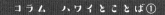

Aloha

　ハワイの人たちが Aloha について語る時、口々にいうのは、Aloha にはいろいろな意味があるということです。Aloha は「ありがとう」の他にも、「おはよう」、「こんにちは」、「こんばんは」といった挨拶として、あるいは「さようなら」といった別れ際の挨拶としても使われます。

　ところで、Aloha にまつわる以下のような説明があります。Aloha の a は akahai（優しさ）、l は lōkahi（団結）、o は ʻoluʻolu（穏やかさ）、h は haʻahaʻa（謙虚さ）、a は ahonui（忍耐）を表すというものです。これはいわばハワイ的な生活スタイルを覚えやすくまとめた語呂合わせ表現です。ハワイ語辞書に記述がないのも、語源とは関係ないからでしょう。でも、いろいろと説明したくなること事体、この言葉に寄せられる期待の大きさがわかります。こんなに意味を詰め込まれて、ちょっと大変そうですが。

　現在では主に挨拶として用いられる Aloha ですが、実は挨拶として用いられるようになったのは、西洋との接触があってからのようです。1865 年に宣教師のロリン・アンドリューズが作った辞書によると、Aloha は当時の新しい挨拶表現であり、伝統的な挨拶表現はッアノッアイ（ʻanoʻai）やヴェリナ（welina）だと述べられています。

　現在でもッアノッアイは「ッアノッアイ！」や「ッアノッアーイ！」というように使われています。一方、ヴェリナのほうは、口頭の挨拶に加えて、手紙やメールの文面に使われることもあります。いつも同じ表現を使うのではなく、アロハ、ッアノッアイ、ヴェリナというように使い分けると、ハワイ語のコミュニケーションに幅が出てくるでしょう。

ハワイ語辞書

　ハワイ語について学べる場があまりないということを耳にすることがあります。たしかに、英語のような言語と比べると、ハワイ語の学習環境はよいとはいえません。

　でも、ハワイ語を学ぶ上で、ハワイ語辞書という心強いパートナーがいます。辞書にはことばと文化についての情報がたくさん含まれています。そうはいっても、辞書をひくという作業は、ハードルが高いと感じる人もいるでしょう。信頼のおけるハワイ語辞書は英語で書かれていますので、なおさらでしょう。

　とはいえ、ハワイ語を理解する上で大いに役立つハワイ語辞書を使わない手はありません。ここでは、メアリー・カヴェナ・プクイとサミュエル・H・エルバートが編纂した『ハワイ語辞書』（改訂・拡張版）を取り上げたいと思います。1986 年に出版された辞書です。ハワイ語辞書の中で最も信頼が高く、学習者やフラに携わる人々に広く利用されています。

　この辞書を使うたびに、ハワイ先住民文化のエキスパートであるプクイとエルバートから個人レッスンをしてもらっているといえるでしょう。プクイとエルバートの辞書は、1957 年に出版されてから、最新の 1986 年まで数回の改訂を経ています。手元に置くなら、1986 年の改訂・拡張版か確かめましょう。

　実はこの辞書には無料で利用できるオンライン版があります。こちらのほうが便利だと感じる人もいるでしょう。Nā Puke Wehewehe ʻŌlelo Hawaiʻi（ハワイ語辞書）というウェブサイトに行ってみてください（http://wehewehe.org）。調べたい語を打ち込んで、検索ボタン（e huli）を押すと、検索した語の説明が表示されます。レイアウトは紙の辞書と異なりますが、内容は同じです。

　さらに、このウェブサイトは、プクイとエルバートの辞書を含む 6 つの辞書を個別に、あるいはまとめて検索することができます。6 つの辞書には、18 〜 19 世紀に宣教師によって蒐集された単語集、ハワイの地名辞書、現代生活に必須の新語が収録された辞書などが含まれます。

　ハワイ語学習の辞書として最も充実しているのは、プクイとエルバートの辞書です。この文化遺産の重要性が色褪せる事はないでしょう。ただ、ハワイ語の再活性化（復活といったりもします）を目指す人々は、ハワイ語だけで書かれた辞書編纂プロジェクトに取り組んでいますので、将来的にはプクイとエルバートの辞書を補完するものが出版される可能性があります。

5 No Honolulu mai au.

できるようになること：自己紹介②（出身地）
ハワイ語のしくみ：人称代名詞（私（たち）、あなた（たち））

◀ 026

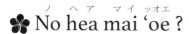

🌺 No hea mai ʻoe ?
_{ノ　ヘア　マイ　ッオエ}

🌺 No Honolulu mai au.
_{ノ　ホノルル　マイ　アウ}

🌺 あなたはどちらの出身ですか？
🌺 私はホノルル出身です。

Māpuna ʻōlelo　表現／基本フレーズ

1 No hea mai ʻoe ?
_{ノ　ヘア　マイ　ッオエ}
あなたはどちらの出身ですか？

2 No Honolulu mai au.
_{ノ　ホノルル　マイ　アウ}
私はホノルルの出身です。

◀ 027

Hua ʻōlelo
単語

no　〜から
_ノ

hea　どこ
_{ヘア}

mai　話し手の方へ
_{マイ}

ʻoe　あなた
_{ッオエ}

Honolulu　ホノルル（地名）
_{ホノルル}

Kama'ilio　会話のポイント

🔟 出身地を尋ねる

No hea （mai）＋ 'oe ?
ノ　ヘア　　　マイ　　　　ッオエ

相手の出身地を尋ねる表現です。この場合の出身地は、生まれ故郷を意味することも、現在の居住地を意味することもあります。どちらの意味になるかは文脈によるといえるでしょう。

No hea mai ? で「どこから（話し手のいる場所へ）？」と尋ねています。maiは方向詞と呼ばれ、「話し手の方へ」という意味を添える働きを持ちます。mai抜きのNo hea 'oe ? でも成立しますが、No hea mai 'oe ? と方向詞も添えた使用例をよく耳にします。'oe「あなた」はこの文の主語です。「述語＋主語」という語順に注意してください。ただし、文脈から、誰の出身地が尋ねられているか明らかな時は、主語を省略することも可能です。

② 出身地をいう

No 場所 （mai）＋ au.
ノ　　　　　　マイ　　　　アウ

自分の出身地（生まれ故郷、現在の居住地）を述べる表現です。No Honolulu maiで「ホノルルから」、つまり「ホノルル出身」という意味になります。No Honoluluだけでもほぼ同じ意味で使用できます。au「私」はこの文の主語です。ただし、誰の出身地のことか明らかな場合は、主語を省略することもできます。

■あなたは～出身ですか？

No **Kaua‘i** ^{カウアッイ} mai ‘oe ?

No **O‘ahu** ^{オッアフ} mai ‘oe ?

No **Maui** ^{マウイ} mai ‘oe ?

■私は～出身です。

No **Moloka‘i** ^{モロカッイ} mai au.

No **Lāna‘i** ^{ラーナッイ} mai au.

No **Hawai‘i** ^{ハ ヴァ イッイ} mai au.

⋯⋯⋯⋯⋯⋯⋯⋯⋯⋯⋯⋯⋯⋯⋯⋯⋯⋯⋯ 029

Hua ‘ōlelo
単語

^{カウアッイ}
Kaua‘i　カウアイ（島名）

^{オッアフ}
O‘ahu　オアフ（島名）

^{マウイ}
Maui　マウイ（島名）

^{モロカッイ}
Moloka‘i　モロカイ（島名）

^{ラーナッイ}
Lāna‘i　ラーナイ（島名）

^{ハ ヴァ イッイ}
Hawai‘i　ハワイ（島名）

生まれ故郷を表す別の語句を使ってみましょう。

one hānau （オネ ハーナウ）　生まれ故郷

▶ 'O Ni'ihau ko'u one hānau.
（ッオ ニィイハウ コッウ オネ ハーナウ）
私の生まれ故郷はニイハウです。

oneは「砂浜」、hānauは「産む」という意味です。hānauが修飾語、one
が被修飾語で、「（自分が）生まれた砂浜」というのが直訳ですが、生まれ
故郷を意味する慣用表現になっています。ハワイ語らしい表現といえるで
しょう。

練習問題

1) 私は日本出身です。 　　　　　　　　　ヒント 日本 Iāpana（イアーパナ）

2) 私の生まれ故郷は横浜です。

　　　　　　　　　　　　　　　　　　　ヒント 横浜 Iokohama（イオコハマ）

3) あなたは東京出身ですか？ 　　　　　ヒント 東京 Tokio（トキオ）

4) あなたたち（2人）はどこ出身ですか？

　　　　　　　　　　　　　　　　ヒント あなたたち（2人）'olua（ッオルア）

5) 私たち（2人）はマウイ出身です。

　　　　　　　　　　　　　　　　　　ヒント 私たち（2人）māua（マーウア）

解答

1) No Iāpana mai au.（ノ イアーパナ マイ アウ）

2) 'O Iokohama ko'u one hānau.（ッオ イオコハマ コッウ オネ ハーナウ）

3) No Tokio mai 'oe ?（ノ トキオ マイッオエ）

4) No hea mai 'olua ?（ノ ヘア マイッオルア）

5) No Maui mai māua.（ノ マウイ マイ マーウア）

He kumu au.

できるようになること：自己紹介③（職業、国籍）
ハワイ語のしくみ：職業について尋ねる・答える、国籍

031

 <ruby>He<rt>ヘ</rt></ruby> <ruby>aha<rt>アハ</rt></ruby> <ruby>kāu<rt>カーウ</rt></ruby> <ruby>hana<rt>ハナ</rt></ruby> ?

 <ruby>He<rt>ヘ</rt></ruby> <ruby>kumu<rt>クム</rt></ruby> <ruby>au<rt>アウ</rt></ruby>.

- あなたの仕事は何ですか？
- 私は教師です。

Māpuna ʻōlelo　表現／基本フレーズ

1 He aha kāu hana ?
あなたの仕事は何ですか？

2 He kumu au.
私は教師です。

3 He aha kāna hana ?
彼/彼女の仕事は何ですか？

032

Hua ʻōlelo　単語

he　（たくさんのうちの）1つ	hana　仕事（aクラス）
aha　何	kumu　師、教師
kāu　あなたの	kāna　彼／彼女の

Kamaʻilio 会話のポイント

❶ 私は[職業]です　He ~ au.
<small>ヘ　アウ</small>

職業を述べる表現は、ハワイ語の語順に則って、「述語 ＋ 主語」の順番で単語を並べます。述語は、he（一種の不定冠詞）と名詞でつくります。he kumuなら教師、he haumānaなら生徒という意味になります。主語を別の人称代名詞にすることも可能です。

▶ He kumu ʻoe.　　あなたは教師です。　　　🔊 033

　He kumu ʻo ia.　彼／彼女は教師です。　＊ʻo iaは人称代名詞「彼／彼女」

❷ 「あなた」の～　kāu ~
<small>カーウ</small>

kāuは名詞とセットになって「あなたの～」という表現をつくります。kāu hanaは「あなたの仕事」という意味です。しかし、ユニット4で取り上げた「あなたの名前」という時は、kou inoaでした。ハワイ語には、「あなたの」の語形がkouとkāuの2つあります。2つを使い分けるにはハワイ語の名詞の分類を知る必要があります。ハワイ語の名詞は、（自分で）選択できない名詞（oクラス）と選択できる名詞（aクラス）に分類されます。つまり、inoa「名前」は、（多くの場合）自分で決めたものではないので、選択できない名詞（oクラス）として、kou inoa「あなたの名前」となります。一方、hana「仕事」は、選択できる名詞（aクラス）として、kāu hana「あなたの仕事」となります。kouの中にはoが、kāuの中にはaが入っていますね。

❸ ～は「何」ですか?　He aha ~ ?
<small>ヘ　アハ</small>

ahaは「何」を意味する疑問詞で、he ahaのように、heとセットになって、さまざまな質問をすることができます。He aha kāu hana ?だったら、「あなたの職業は何ですか？（どんな仕事をしていますか？）」という意味です。kāu「あなたの」をkāna「彼／彼女の」にすれば、He aha kāna hana ?「彼／彼女の職業は何ですか？」という意味になります。（会話のポイント②で触れたように、「彼／彼女の」を意味する人称代名詞にも、konaとkānaの2つの語形があり、後続する名詞の分類によって使い分けます。）

また、He ahaは指示代名詞kēia「これ」と組み合わせることで、He aha kēia ?「これは何ですか？」という便利な表現になります。

■私は〜です。

He **haumāna** au.
（ハウマーナ）

He **kahu ma‘i** au.
（カフ　マッイ）

He **akeakamai** au.
（アケ　アカ　マイ）

■〜は何ですか？

He aha **kēia** ?
（ケーイア）

He aha **kēnā** ?
（ケーナー）

He aha **kēlā** ?
（ケーラー）

Hua ‘ōlelo
単語

kahu ma‘i（カフ マッイ）　看護師

akeakamai（アケアカマイ）　科学者

kēia（ケーイア）　これ

kēnā（ケーナー）　それ

kēlā（ケーラー）　あれ

属性をいってみましょう。

Hawai‘i　ハワイ人
ハ　ヴァ　イッイ

▶ He Hawai‘i au.　私はハワイ人です。
ヘ　ハ　ヴァイッイ　アウ

Kepanī　日本人
ケ　パ　ニー

▶ He Kepanī au.　私は日本人です。
ヘ　ケパニー　アウ

‘Amelika　アメリカ人
ッ　ア　メ　リ　カ

▶ He haumāna ‘Amelika ‘o ia.　彼／彼女はアメリカ人の生徒です。
ヘ　ハウマーナ　ッアメリカ　ッオイア

練習問題

1) 彼女の仕事は何ですか？

2) あなたは先生です。

3) あれは何ですか？

4) 彼は日本人の看護師です。

5) あちらはハワイ人の科学者です。

 解答

1) He aha kāna hana ?
ヘ　アハ　カーナ　ハ　ナ

2) He kumu ‘oe.
ヘ　クム　ッオエ

3) He aha kēlā ?
ヘ　アハ　ケーラー

4) He kahu ma‘i Kepanī ‘o ia.
ヘ　カフ　マッイ　ケパニー　ッオイア

5) He akeakamai Hawai‘i kēlā.
ヘ　アケアカマイ　ハ　ヴァイッイ　ケーラー

'O Kalani ka inoa o ko'u makuahine.

できるようになること：家族を紹介する（名前、出身地）
ハワイ語のしくみ：家族を表す言葉、人称代名詞

🔊 037

❀ ッオ カラニ カ イノア オ コッウ マクアヒネ ノ
'O Kalani ka inoa o ko'u makuahine. No
カウアッイ マイ ッオ イア ッオ リリノエ ラーウア ッオ メ レ ラ ナ
Kaua'i mai 'o ia. 'O Lilinoe lāua 'o Melelana
コッウ マウ カイクアーヒネ
ko'u mau kaikuāhine.

❀ 私の母親の名前はカラニです。彼女はカウアイ出身です。リリノエとメレラナは私の
姉妹たちです。

Māpuna 'ōlelo　表現／基本フレーズ

1 ッオ カラニ カ イノア オ コッウ マクアヒネ
'O Kalani ka inoa o ko'u makuahine.
私の母親の名前はカラニです。

2 ノ カウアッイ マイ ッオ イア
No Kaua'i mai 'o ia.
彼女はカウアイ出身です。

3 ッオ リリノエ ラーウア ッオ メレラナ コッウ マ ウ カイクアーヒネ
'O Lilinoe lāua 'o Melelana ko'u mau kaikuāhine.
リリノエとメレラナは私の姉妹たちです。

🔊 038

Hua 'ōlelo
単語

カラニ
Kalani　カラニ（人名）、lani（天、空）
オ
o　～の
マクアヒネ
makuahine　母親
ッオ イア
（'o）ia　彼／彼女／それ
リリノエ
Lilinoe　リリノエ（人名）、lilinoe（霧）

ラーウア
lāua　彼ら（2人）
メレラナ
Melelana　メレラナ（人名）、mele
（歌）、lana（漂う）
マウ
mau　名詞の複数形を示す
カイクアヒネ カイクアーヒネ
kaikuahine/kaikuāhine　男性から見
た姉・妹

Kama'ilio　会話のポイント

① 「～の名前」は…

ツオ　カ　ラ　ニ　カ　イ　ノ　ア　オ　コッウ　マ　ク　ア　ヒ　ネ
'O Kalani ka inoa o ko'u makuahine.

'oはユニット4で学んだ話題を表す印です。oは「～の」という意味がありka inoa oで「～の名前」となります。oは他にも様々な単語と組み合わせてka hale o Kalani（カラニの家）のような「A of B（BのA）」という所属や所有を表すことができます。

② 三人称の ia

ノ　カ　ウ　ア　ッイ　マ　イ　ッオ　イ　ア
No Kaua'i mai 'o ia.

iaは人称代名詞の三人称で「彼／彼女／それ」を指します。主語が「彼／彼女」の場合は'oをつけて'o iaとなります。主語が「それ」の場合は'oは使われません。

③ A（さん）とB（さん）

ツオ　リ　リ　ノ　エ　ラーウ　ア　ッオ　メ　レ　ラ　ナ　コッウ　マ　ウ　カ　イ　ク　アー　ヒ　ネ
'O Lilinoe lāua 'o Melelana ko'u mau kaikuāhine.

「リリノエとメレラナ」のように2人の名前をいう時はA lāua 'o Bという言い方がよく使われます。lāuaは三人称iaの双数で「彼ら（2人）」という意味です。

3人以上の複数の場合はlākou「彼ら（3人以上）」となります。

kaikuahineは男性から見た姉・妹で年長か年少の区別はありません。人を表す単語は複数になるとkaikuāhineのように後ろから3番目の母音にカハコーがつきます。

■私の〜の名前

ka inoa o ko'u **kaikaina**
カイカイナ

ka inoa o ko'u **kaikua'ana**
カイクアッアナ

ka inoa o ko'u **kaikunāne**
カイクナーネ

■〜と〜

Kaipo lāua 'o **Keola**

Keali'i lāua 'o **Kainoa**

Manu lāua 'o **Līhau**
マ　ヌ　　　　　　　　リーハウ

040

Hua 'ōlelo
単語

kaikaina　同性の年下の兄弟・姉妹
カイカイナ

kaikua'ana　同性の年上の兄弟・姉妹
カイクアッアナ

kaikunāne　女性から見た兄・弟
カイクナーネ

Keali'i　ケアリッイ（人名）、ali'i
ケアリッイ
　（貴族階級）

Manu　マヌ（人名）、manu（鳥）
マ　ヌ

Līhau　リーハウ（人名）、līhau（静
リーハウ
　かな冷たい雨）

年上・年下の区別をした呼び方をしてみましょう。

hānau mua　年上の/先に生まれた
ハーナウ ムア

▶ 'O Kapua ka inoa o ko'u kaikuahine hānau mua.　私（男性）の姉の名前はカプアです。

hānau hope　年下の/後に生まれた
ハーナウ ホペ

▶ 'O Kaleo ka inoa o ko'u kaikunāne hānau hope.
私（女性）の弟の名前はカレオです。

練習問題

1) 私の父親の名前はケアオです。

ヒント 父親 makua kāne
　　　　　　マクアカーネ

2) プアレイとキモは私の両親です。

ヒント 両親 mau mākua
　　　　　　マウ マークア

3) ケカイは私の兄です。（女性から見て）

4) 彼ら（2人）はコナ出身です。

5) 彼ら（3人以上）はホノルル出身です。

解答

ッオ ケアオ カ イノアオ オコッウ マクア カーネ
1) 'O Keao ka inoa o ko'u makua kāne.

ッオ プアレイ ラーウアッ ツオ キ モ コッウ　マウ マークア
2) 'O Pualei lāua 'o Kimo ko'u mau mākua.

ッオ ケカイ コッウ カイクナーネ ハーナウ ムア
3) 'O Kekai ko'u kaikunāne hānau mua.

ノ コナ マイ ラーウア
4) No Kona mai lāua.

ノ ホノ ルル マイラーコウ
5) No Honolulu mai lākou.

‘O

‘o は文の主語になる固有名詞の前に付き、話題を示します（所有を表す o と見た目が似ていますが、これらは別の単語です）。

> Hula ‘o Kealoha.　　ケアロハはフラを踊ります。

主語である固有名詞ケアロハの前には、話題であることを表す ‘o が先行しています。注意したいのは、人称代名詞の au「私」や ‘oe「あなた」が主語の時は ‘o はつきません。

> Hula au.　　　　　私はフラを踊ります。

> Hula ‘oe.　　　　　あなたはフラを踊ります。

しかし、人称代名詞でも、三人称単数の ia「彼／彼女」の場合は、‘o が付いて、‘o ia となるので覚えておきましょう。

> Hula ‘o ia.　　　　彼／彼女はフラを踊ります。

普通名詞（句）が主語である場合も ‘o はつきません。

> Hula kēlā keiki.　　あの子どもはフラを踊ります。

ここまでは、固有名詞であり（ただし、人称代名詞 ia は例外的）、かつ主語であることが、話題であることを示す ‘o を用いる目安であることを述べました。

一方、ユニット4に登場する「私の名前はケアロハです」のように主語（私の名前）A と述語（ケアロハです）B がイコールの関係であること（B = A）を示す等位文があります。この ‘o 等位文は、述語である B に話題であることを示す ‘o が付いています。

> ‘O Kealoha ko‘u inoa.　　　　私の名前はケアロハです。

ただし、以下の ‘o 等位文では、固有名詞でない述語 B（ka moho「候補者」）に ‘o が付いています。この構文では、固有名詞ではなくても、話題になっており、「ほかでもない唯一の」という意味になっています。

'O ka moho 'o Kealoha. ケアロハこそが候補者です。

(ケアロハが候補者としてふさわしい)

　逆に、他にも候補者がいる中で、ケアロハはその中の 1 人にすぎないという意味であれば、以下のようになります。

He moho 'o Kealoha. ケアロハは候補者（の 1 人）です。

　ユニット 4 には 'o 等位文、ユニット 6 に he 等位文が登場しますので、それぞれ参照してください。

kaとke

　ユニット 4 で触れている ka と ke について補足します。ka と ke は名詞の印ということで、名詞に先行します。名詞の語頭の音が k, e, a, o のどれかである場合は ke となり、それ以外の音である場合は ka となるという規則も紹介しました。ただし、ユニット 1 に出てきたように、友達に呼びかける場合は冠詞は ke を使い ē ke hoa と言うことが多いようです。他にも、ke 'ano「種類、方法」、ke 'eke「袋」、ke pā「皿」、ke po'o「頭」のように言うことが多い語があります。

　名詞の印というとぴんと来ないかもしれません。he 等位文の he と比較して、he が不定冠詞（英語の a や an）で、ka と ke は定冠詞（英語の the）と対応させて理解したかもしれません。しかし、ka と ke は英語の定冠詞とは異なるようです。

　例えば、英語では定冠詞を伴わない抽象名詞（love）がハワイ語では ka/ke を伴うことがあります（ke aloha）。また、ka/ke は後置する名詞が複数であることを示唆することがあります。このように、ハワイ語の ka/ke は、英語の定冠詞 the と一対一の対応をしているということはなく、場合によっては、不定冠詞 a/an と対応することもあります。

　以上を踏まえると、ka と ke はやはり名詞の印として理解するのがよいでしょう。

フラとハワイ語学習

　私（古川）は主にハワイ大学留学中にハワイ語を学びましたが、留学前にも日本で入手できる書籍を使って自学自習していました。

　ただ、ハワイ語に触れる機会を増やしたいと思った時、周りにハワイ語話者がいるわけではなく、他に利用できそうなのはフラでした。フラはハワイ先住民の伝統舞踊を意味し、「踊る」という意味の動詞でもあります。

　実際、フラを習うことでどれくらいハワイ語を学べたでしょうか。まず、フラの世界で用いられる語彙が身近に感じられるようになりました。クム・フラのクムは「源」という意味です。知識の源泉ということで先生はクムであり、フラの先生はクム・フラとなります。

　クム・フラの元で学ぶ人たちはハウマーナ haumāna と呼ばれます。クム・フラとハウマーナの関係は一種の師弟関係といえます。学びの場（道場、教室）がハーラウ hālau です。

　フラはハワイ語のメレ mele を身体で表現する舞踊です。たとえば、花、風、波などに対応する振り付けがあります。根底に必ず詩があるという点で、フラはバレエなどの舞踊と異なります。

　レッスンではステップを踏む練習があり、横移動のカーホロ kāholo をはじめとするステップの名前、「前へ」という意味のイ・ムア i mua のような指示に関する諸表現を動作を通して学ぶことができました。

　フラはカヒコ kahiko と呼ばれる古典フラ、ッアウアナ 'auana と呼ばれる現代フラに大別できるのですが、これもハワイ語です。瓢箪でできたイプ・ヘケ ipu heke などの打楽器のリズムが特徴的なカヒコを習った際には、「ホッオプカ・エ・カ・ラー・マ・カ・ヒキナ」Ho'opuka e ka lā ma ka hikina と唱えてから踊りだすというような具合でした。「東から太陽が昇る」という意味だと教えられたものの、当初は文構造がよくわかりませんでした。フラを踊る人たちはフラが踊りたいので、詩は大掴みで理解できていればよかったのでしょう。

　一方、私はというと、詩を暗記し、振り付けも覚えることが性に合っていませんでした。ハワイ語は学べるのですが、遠回りしているような気になってしまったのです。

　フラダンサーの皆さんからすれば、単に怠け者だっただけ。実際、ハワイ語に卓越している人たちは優れたフラの踊り手であったり、ミュージシャンであったりする人が少なくありません。色々なフレーズを諳んじたり、振り付けや楽器演奏とと

もに実演することができたら楽しいハワイ語授業ができるでしょう。(ですから私もまだ諦めたわけではありません。)

　ただ、フラは人生をかけて追求していく対象となるほど魅力的で学ぶべき内容も多いのですが、フラがハワイ先住民文化のすべてではないのも事実です。先住民文化は航海術、農業、漁業や水産資源、動植物、宗教など多岐にわたります。また、フラが表現する詩は日常の会話や文章として書かれるハワイ語と重なりつつも、それらとは異なる語彙や言語形式を有します。

　たとえば、山を意味するクアヒヴィ kuahiwi は詩に登場しますが、一般的な語はマウナ mauna です。また、所有を表す o や話題を表す ‘o は別々の単語ですが、詩の中では a‘o というさらに別の単語がこれらを代替することがあります。

　ちなみに、現代フラを意味する語であるッアウアナには、「彷徨う」という意味もあります。私のハワイ語学習も遠回りだったかもしれませんが、フラを経由したからこそ、ハワイ語の諸側面について理解を深めることができた点もあります。

8 Hau'oli au.

できるようになること：気持ち・感想を話す
ハワイ語のしくみ：状態動詞を使った表現

🔊 042

🌺 He makana kēia lei pīkake.
ヘ マ カ ナ ケーイア レイ ピーカケ

🌺 Mahalo. Hau'oli au. Nani kēia lei.
マ ハ ロ ハウッオリ アウ ナ ニ ケーイア レイ

🌺 'O ia nō. 'A'ala nō ho'i nā pua.
ッオ イア ノー ッアッアラ ノー ホッイ ナー プ ア

🌺 このピカケのレイはプレゼントです。
🌺 ありがとう。嬉しいです。このレイはきれいですね。
🌺 そうですね。花もいい香りです。

Māpuna 'ōlelo　表現／基本フレーズ

1 Hau'oli au.
ハウッオリ アウ

私は嬉しいです。

2 Nani kēia lei.
ナ ニ ケーイア レイ

このレイはきれいです。

3 'A'ala nō ho'i nā pua.
ッアッアラ ノー ホッイ ナー プ ア

花もいい香りです。

🔊 043

Hua 'ōlelo
単語

makana　プレゼント
マ カ ナ

lei　レイ（首や頭につける花輪）
レイ

pīkake　ジャスミンの花
ピーカケ

mahalo　ありがとう
マ ハ ロ

hau'oli　嬉しい、幸せだ
ハウッオリ

nani　きれいだ
ナ ニ

'o ia　そうである
ッオ イア

nō　前の語句を強調する働きがある
ノー

'a'ala　いい香りの
ッアッアラ

ho'i　～も
ホッイ

Kamaʻilio　会話のポイント

Ⅰ 気持ちを表す状態動詞

ハウッオリ アウ
Hauʻoli au.

ハワイ語では、日本語の形容詞や形容動詞にあたる「嬉しい」「悲しい」「残念だ」など人の感情を表す言葉を状態動詞と呼びます。「主語は～（気持ち）だ」という場合は、その気持ちを表す状態動詞のあとに主語が続き「状態動詞＋主語」という形で表します。

❷ ものの状態を表す状態動詞

ナ ニ ケーイア レイ
Nani kēia lei.

人の気持ちと同様に「きれいだ」「有名だ」「大きい」など人やものの状態を表す場合も「状態動詞＋主語」という形で表します。

❸「～も」という時のnō hoʻi

ッアッアラ ノー ホッイ ナー プ ア
ʻAʻala nō hoʻi nā pua.

ある事柄にさらに「～も」と別の事柄を加える場合、nō hoʻi がよく使われます。

nōは前の語句を強調する働きがあり、hoʻiは「～も」という意味があります。この会話文ではレイがnani「きれい」であることに加え、ʻaʻala「香りもいい」ことを表しています。

■私は～（感情）です。

Kaumaha au.
カ ウ マ ハ

Minamina au.
ミ ナ ミ ナ

Hopohopo au.
ホ ポ ホ ポ

■これは～（状態）です。

Kaulana kēia.
カ ウ ラ ナ

Nui kēia.
ヌ イ

Mahana kēia.
マ ハ ナ

045

Hua'ōlelo
単語

カ ウ マ ハ
kaumaha　悲しい

ミ ナ ミ ナ
minamina　残念だ

ホ ポ ホ ポ
hopohopo　心配だ

カ ウ ラ ナ
kaulana　有名だ

ヌ イ
nui　大きい

マ ハ ナ
mahana　温かい

状態動詞の後ろに「とても」や「本当に」という意味の
副詞をつけて強調してみましょう。

もうひとこと
🔊046

loa ᴿᴏ ᴬ   とても、最も

▶ Hau'oli loa au.　私はとても嬉しいです。

wale ᵥᵃ ᴸᴱ   とても

▶ Nani wale kēia lei.　このレイはとてもきれいです。

maoli ᴹ ᴼ ᴿᴵ   本当に

▶ 'A'ala maoli nā pua.　花々が本当にいい香りです。

 練習問題

1) 私はイライラしています。

ヒント イライラしている nāukiuki ⁿᵃᵘᵏⁱᵘᵏⁱ

2) 私は本当に驚いています。　**ヒント** 驚いている pū'iwa ᵖᵘⁱᵛᵃ

3) 海が穏やかです。　**ヒント** 穏やかだ mālie ᵐᵃᵃⁱⁱᵉ　海 kai ᵏᵃⁱ

4) オアフはとても暑いです。　**ヒント** 暑い wela ᵛᵉᵘᵃ

5) 山々が雄大です。

ヒント 雄大だ kilakila ᵏⁱᵘᵃᵏⁱᵘᵃ　山 kuahiwi ᵏᵘᵃʰⁱᵛⁱ

（解答）
1) Nāukiuki au. ⁿᵃᵘᵏⁱᵘᵏⁱ ᵃᵘ
2) Pū'iwa maoli au. ᵖᵘⁱᵛᵃ ᵐ ᵒ ʳⁱ ᵃᵘ
3) Mālie ke kai. ᵐᵃᵃⁱⁱᵉ ᵏᵉ ᵏᵃⁱ
4) Wela loa 'o O'ahu. ᵛᵉᵘᵃ ʳᵒᵃ ⁿᵒ ᵒⁿᵃʰᵘ
5) Kilakila nā kuahiwi. ᵏⁱᵘᵃᵏⁱᵘᵃ ⁿᵃᵃ ᵏᵘᵃʰⁱᵛⁱ

9 Hele au i ka hana.

できるようになること：一日の暮らしを言う
ハワイ語のしくみ：動詞を使った表現、場所・時間帯を表す前置詞、目的語の印

🔊 047

🌺 ヘレ アウイカ ハナ　ヘレ ノー ホッイッオエイカ ハナ
Hele au i ka hana. Hele nō ho'i 'oe i ka hana?

🌼 ッアッオレ　キ パ アウイコッウ ク プ ナ ヴァヒネ　ノ ホ
'A'ole. Kipa au i ko'u kupuna wahine. Noho
ッオイア マ カ リ ヒ
'o ia ma Kalihi.

🌺 私は仕事に行きます。あなたも仕事に行きますか？
🌼 いいえ。私は私の祖母を訪ねます。彼女はカリヒに住んでいます。

🍃 Māpuna 'ōlelo　表現／基本フレーズ

1 ヘ レ アウイカ ハ ナ
Hele au i ka hana.
私は仕事に行きます。

2 キ パ アウイコッウ ク プ ナ ヴァヒネ
Kipa au i ko'u kupuna wahine.
私は私の祖母を訪ねます。

3 ノ ホ ッオイア マ カ リ ヒ
Noho 'o ia ma Kalihi.
彼女はカリヒに住んでいます。

🔊 048

単語

ヘ レ hele　行く	クブナ ヴァヒネ kupuna wahine　祖母
ハ ナ hana　仕事	ノ ホ noho　住む
ッアッオレ 'a'ole　いいえ	カ リ ヒ Kalihi　カリヒ（地名）
キ パ kipa　訪ねる	

Kama'ilio　会話のポイント

❶ 自動詞と場所・時間帯を表す前置詞 i

ヘ　レ　アウイカ　ハ　ナ
Hele au i ka hana.

「～を」や「～（人）に」のような目的語を取らない動詞を自動詞といいます。hele「行く」、noho「住む」などは自動詞に分類されます。
目的語を取らない自動詞を使うフレーズは場所や時間帯を含むことが多いです。その場合、場所や時間帯を示す印としてiが使われます。iは「～へ」という目的地、「～で」「～に」という場所や時間帯を示します。

❷ 他動詞と目的語の印 i/iā

キ　パ　アウイコッウ　ク　プ　ナ　ヴァヒネ
Kipa au i ko'u kupuna wahine.

kipa「～を訪れる」のように「～を」という目的語がある動詞は他動詞です。①では場所や時間帯を示す印としてiが使われていますが、iは目的語の印でもあります。目的語が代名詞、人や土地の名前などを表す固有名詞である場合、iでなくiāになります。

❸ 特定的な場所を表す ma

ノ　ホッオイア　マ　カリヒ
Noho 'o ia ma Kalihi.

場所や時間帯を示す時に、より特定の場所や時間を意味する場合にはmaが使われる傾向があります。例えば「オアフ島のカリヒに／で」という場合、カリヒはオアフ島の中の特定な場所を表しているのでma Kalihi i O'ahuとなります。

■私は〜します。

'Ai au.
<small>ッアイ</small>

'Ike au.
<small>ッイケ</small>

Kōkua au.
<small>コークア</small>

■〜を／に

i ka mea 'ai
<small>カ　メ　ア　ッアイ</small>

iā Kanani
<small>カ　ナ　ニ</small>

iā lākou
<small>ラーコ　ウ</small>

· 🔊050

Hua ʻōlelo
単語

<small>ッアイ</small>
'ai　食べる

<small>ッイケ</small>
'ike　見る

<small>コークア</small>
kōkua　手伝う

<small>メ　ア　ッアイ</small>
mea 'ai　食べ物

<small>カ　ナ　ニ</small>
Kanani　カナニ（人の名前）

<small>ラーコ　ウ</small>
lākou　彼ら（3人以上）

動作が行われる方向を表す方向詞をつけてみましょう。

もうひとこと 🔊 051

aku 話し手（自分）から離れる方向へ
<small>ア ク</small>

▶ Hele aku au i Waikīkī.　私はワイキキに行きます。

mai 話し手（自分）のほうに向かって
<small>マ イ</small>

▶ Hele mai ʻo ia i koʻu hale.　彼／彼女は私の家に来ます。

練習問題

1) 私は本を読みます。

　　　　　　　　　　　　ヒント 読む heluhelu <small>ヘ ル ヘ ル</small>　本 puke <small>プ ケ</small>

2) 私は部屋を掃除します。

　　　　　　　　　　　ヒント 掃除する hoʻomaʻemaʻe <small>ホッ オ マッ エ マッ エ</small>　部屋 lumi <small>ル ミ</small>

3) 私は夜ご飯を準備します。

　　　　　　　　　ヒント 準備する hoʻomākaukau <small>ホッ オ マー カ ウ カ ウ</small>　夜ご飯 ʻaina ahiahi <small>ッ ア イ ナ ア ヒ ア ヒ</small>

4) 私は買い物に行きます。

　　　　　　　　　　　　ヒント 買い物 kūʻai hele <small>クーッ ア イ ヘ レ</small>

5) 私はテレビを見ます。

　　　　　　　　　ヒント 見る nānā <small>ナー ナー</small>　テレビ kīwī <small>キー ヴィー</small>

解答

1) Heluhelu au i ka puke. <small>ヘ ル ヘ ル アウ イ カ プ ケ</small>

2) Hoʻomaʻemaʻe au i ka lumi. <small>ホッ オ マッ エ マッ エ アウ イ カ ル ミ</small>

3) Hoʻomākaukau au i ka ʻaina ahiahi. <small>ホッ オ マー カ ウ カ ウ アウ イ カ ッ アイ ナ ア ヒ ア ヒ</small>

4) Hele au i ke kūʻai hele. <small>ヘ レ アウ イ ケ クーッ アイ ヘ レ</small>

5) Nānā au i ke kīwī. <small>ナー ナー アウ イ ケ キー ヴィー</small>

IO E huaka'i ana au i Hawai'i.

できるようになること：予定を話す

ハワイ語のしくみ：未完了（未来）、時・曜日を表す語句

🔊 052

🌺 <ruby>E<rt>エ</rt></ruby> <ruby>huaka'i<rt>フ アカッイ</rt></ruby> <ruby>ana<rt>アナ</rt></ruby> <ruby>au<rt>アウ</rt></ruby> <ruby>i<rt>イ</rt></ruby> <ruby>Hawai'i<rt>ハ ヴァイッイ</rt></ruby>.

🌸 <ruby>'O ia<rt>ツオ イア</rt></ruby>？ <ruby>E<rt>エ</rt></ruby> <ruby>hele<rt>ヘ レ</rt></ruby> <ruby>ana<rt>アナ</rt></ruby> <ruby>au<rt>アウ</rt></ruby> <ruby>i<rt>イ</rt></ruby> <ruby>Hawai'i<rt>ハ ヴァイッイ</rt></ruby> <ruby>i<rt>イ</rt></ruby> <ruby>kēia<rt>ケーイア</rt></ruby> <ruby>mahina<rt>マ ヒ ナ</rt></ruby> <ruby>a'e<rt>アッエ</rt></ruby>. <ruby>E<rt>エ</rt></ruby> <ruby>ho'opa'a<rt>ホッオパッア</rt></ruby> <ruby>ana<rt>アナ</rt></ruby> <ruby>au<rt>アウ</rt></ruby> <ruby>i<rt>イ</rt></ruby> <ruby>ka<rt>カ</rt></ruby> <ruby>likiki<rt>リ キ キ</rt></ruby> <ruby>mokulele<rt>モ ク レ レ</rt></ruby> <ruby>i<rt>イ</rt></ruby> <ruby>ka<rt>カ</rt></ruby> <ruby>'apōpō<rt>ッアポーポー</rt></ruby>.

🌺 私はハワイへ旅行します。

🌸 そうなのですか？　私は来月ハワイへ行きます。明日、航空券を予約します。

🍃 Māpuna 'ōlelo　表現／基本フレーズ

1 <ruby>E<rt>エ</rt></ruby> <ruby>huaka'i<rt>フ アカッイ</rt></ruby> <ruby>ana<rt>アナ</rt></ruby> <ruby>au<rt>アウ</rt></ruby> <ruby>i<rt>イ</rt></ruby> <ruby>Hawai'i<rt>ハ ヴァイッイ</rt></ruby>.

私はハワイへ旅行します。

2 <ruby>E<rt>エ</rt></ruby> <ruby>hele<rt>ヘ レ</rt></ruby> <ruby>ana<rt>アナ</rt></ruby> <ruby>au<rt>アウ</rt></ruby> <ruby>i<rt>イ</rt></ruby> <ruby>Hawai'i<rt>ハ ヴァイッイ</rt></ruby> <ruby>i<rt>イ</rt></ruby> <ruby>kēia<rt>ケーイア</rt></ruby> <ruby>mahina<rt>マ ヒ ナ</rt></ruby> <ruby>a'e<rt>アッエ</rt></ruby>.

私は来月ハワイへ行きます。

3 <ruby>E<rt>エ</rt></ruby> <ruby>ho'opa'a<rt>ホッオパッア</rt></ruby> <ruby>ana<rt>アナ</rt></ruby> <ruby>au<rt>アウ</rt></ruby> <ruby>i<rt>イ</rt></ruby> <ruby>ka<rt>カ</rt></ruby> <ruby>likiki<rt>リ キ キ</rt></ruby> <ruby>mokulele<rt>モ ク レ レ</rt></ruby> <ruby>i<rt>イ</rt></ruby> <ruby>ka<rt>カ</rt></ruby> <ruby>'apōpō<rt>ッアポーポー</rt></ruby>.

私は明日航空券の予約をします。

🔊 053

Hua 'ōlelo 単語

<ruby>huaka'i<rt>フアカッイ</rt></ruby>　旅行する

<ruby>kēia mahina a'e<rt>ケーイア マ ヒ ナ アッエ</rt></ruby>　来月

<ruby>ho'opa'a<rt>ホッオパッア</rt></ruby>　予約する

<ruby>likiki mokulele<rt>リ キ キ モ ク レ レ</rt></ruby>　航空券

<ruby>'apōpō<rt>ッアポーポー</rt></ruby>　明日

Kama'ilio 会話のポイント

❶ 未完了(未来)を表す印　e～ana

エ　フアカッイ アナ　アウイ ハ ヴァイッイ
E huaka'i ana au i Hawai'i.

e～anaは動作が完了していないことを表す未来あるいは進行中の動詞の印です。「e動詞ana＋主語」という語順で表し、目的語や場所・時間帯を表す語句は主語の後に続きます。

❷ 未来の時を表す語句

エ　ヘ　レ アナ　アウイ ハ ヴァイッイ イ ケーイア　マ　ヒ ナ アッエ
E hele ana au i Hawai'i i kēia mahina a'e.

e動詞anaの文章に「来週」や「来月」など未来の時を表す語句を含める場合、それらの語句の前に**場所や時間帯を表す前置詞のi**をつけて表します。「来週／来月／来年」はkēia「この」と方向詞のa'e「次」を使って「この週／月／年の次」というような表現をします。kēia mahina a'eは「この次の月」となり「来月」を意味しています。

❸ 曜日を表す語句

エ ホッオパッア アナ　アウイ カ　リ キ キ　モ ク レ　レ イ カッアポーポー
E ho'opa'a ana au i ka likiki mokulele i ka 'apōpō.

「明日」や「日曜日」など曜日を表す語句の前にも場所や時間帯を表す前置詞のiがつきます。'apōpōは「明日」という意味で一日はpō「夜」から始まるというハワイの人々の考えに由来しているといわれています。曜日も同様にpōと数字を組み合わせた表現になっています。例えば、Pō「夜」と'akahi「一番目の」を合わせたPō'akahiは「一番目の夜」という意味で月曜日を指し、「二番目の夜」という意味のPō'aluaは火曜日を指しています。

▶月曜日から日曜日を表す語　　　　　　　　　　　　🔊 054

ポーッアカヒ
Pō'akahi 月曜日　　ポーッアル ア
Pō'alua 火曜日　　ポーッアコル
Pō'akolu 水曜日　　ポーッアハー
Pō'ahā 木曜日

ポーッアリマ
Pō'alima 金曜日　　ポーッアオノ
Pō'aono 土曜日　　ラー プ レ
Lāpule 日曜日（祈りの日）

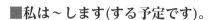

■私は～します(する予定です)。

E **mākaʻikaʻi** ana au.

E **pāʻina** ana au.

E **hoʻomaha** ana au.

■(未来の時) ～に

i **kēia makahiki aʻe**

i **kēia pule aʻe**

i **ka Pōʻaono**

Hua ʻōlelo
単語

マーカッイカッイ mākaʻikaʻi　観光する	ケーイア マ カ ヒ キ アッエ kēia makahiki aʻe　来年
パーッイナ pāʻina　食事する	ケーイア ブ レ アッエ kēia pule aʻe　来週
ホッオマハ hoʻomaha　休む	ポーッアオノ Pōʻaono　土曜日

E～anaを使った質問をしてみましょう。

もうひとこと 057

aha 何

▶ E aha ana ʻoe？
あなたは何をしますか／していますか？

i hea どこへ

▶ E hele ana ʻoe i hea？　あなたはどこへ行きますか？

 練習問題

1) 私はフラのショーに参加します。

　　　　ヒント 参加する komo　フラのショー hōʻike hula

2) 私は街へ遊びに行きます。

　　　　ヒント 遊びに行く holoholo　街 kūlanakauhale

3) 私は来年卒業します。　　　　ヒント 卒業 puka

4) カノエが明日私の家に来ます。

　　　　ヒント 来る hele mai　私の家 koʻu hale

5) 家族が日曜日に集まります。

　　　　ヒント 集まる ʻākoakoa　家族 ʻohana

解答

1) E komo ana au i ka hōʻike hula.

2) E holoholo ana au i ke kūlanakauhale.

3) E puka ana au i kēia makahiki aʻe.

4) E hele mai ana ʻo Kanoe i koʻu hale i ka ʻapōpō.

5) E ʻākoakoa ana ka ʻohana i ka Lāpule.

数

🔊 058

ハワイ語の数を学びましょう。まず 1 ～ 10 です。

'ekahi	1	'eono	6
'elua	2	'ehiku	7
'ekolu	3	'ewalu	8
'ehā	4	'eiwa	9
'elima	5	'umi	10

　次に 20 から 90 まで、10 ずつ見てみましょう。30 からは、kana- に接頭辞 'e の取れた 3 ～ 9 の数字がついています。

iwakālua	20	kanaono	60
kanakolu	30	kanahiku	70
kanahā	40	kanawalu	80
kanalima	50	kanaiwa	90

　11 ～ 19、21 ～ 29 などは、10 の位と 1 の位を kūmā でつなぎます（kumāmā という語形もあります。さらに別の語形 kumamā は使用頻度が低く、聖書に関連するジャンルに登場します）。例えば、11 は 'umikūmākahi となります。1 の位の数字は接頭辞 'e が取れています。少し読みづらいですが、10 の位と 1 の位をくっつけて表記します。11 ～ 19 は以下のようになります。

'umikūmākahi	11	'umikūmāono	16
'umikūmālua	12	'umikūmāhiku	17
'umikūmākolu	13	'umikūmāwalu	18
'umikūmāhā	14	'umikūmāiwa	19
'umikūmālima	15		

　11 ～ 19 までと同じように、21 ～ 29 は「20 と～」という形式になります。

iwakāluakūmākahi	21	iwakāluakūmālua	22

100 以上の数字は英語からの借用語（hundred と thousand）になっています。

haneli　　　　　100　　　　　　　kaukani　　　　1000

　例えば、「1996」だったら、英語の慣例のように「じゅうきゅう　きゅうじゅうろく」といったり、「せん　きゅうひゃく　きゅうじゅう　ろく」といったりできます。ちなみに、100 や 1000 という時は、'ekahi haneli や 'ekahi kaukani ではなく、ho'okahi haneli や ho'okahi kaukani となります。

　数字関連ということで、電話番号についても見てみましょう。ハワイのエリアコード（市外局番）は 808 ですが、これはどのように読めばよいでしょうか。ハワイ語で 0「ゼロ」は 'ole ですので、808 は、'ewalu 'ole 'ewalu となります。

　なお、ハワイ語には 4 を単位とする数え方もあります。読解編（ユニット 22）の「ウェブ動画を理解する」を参照してください。

曜日・月・日付

🔊 059

曜日は、月曜日から土曜日までが、Pō- と、数字の接頭辞（'e- ではなく）'a- がついた 1 から 6 の数字からなっています。日曜日は pule「祈る」lā「日」という語形です。

Pōʻakahi	月曜日	Pōʻalima	金曜日
Pōʻalua	火曜日	Pōʻaono	土曜日
Pōʻakolu	水曜日	Lāpule	日曜日
Pōʻahā	木曜日		

月の名前は英語からの借用語ですが、広く用いられています。伝統的なハワイの暦は島ごとに異なり、1 〜 12 月の区分にぴったり一致するわけでもありませんが、参考までにハワイ島の暦の 1 〜 12 月と対応させた形式で一例をカッコ内に記しました。月の名前は、星の名前と同じものもあります。例えば、Makaliʻi は「プレアデス星団」（すばる）という意味です。

Ianuali	1 月（Kāʻelo）	Kepakemapa	9 月（Māhoe Hope）
Pepeluali	2 月（Kaulua）	ʻOkakopa	10 月（ʻIkuā / ʻIkuwā）
Malaki	3 月（Nana）	Nowemapa	11 月（Welehu）
ʻApelila	4 月（Welo）	Kēkēmapa	12 月（Makaliʻi）
Mei	5 月（Ikiiki）		
Iune	6 月（Kaʻaona）		
Iulai	7 月（Hinaiaʻeleʻele）		
ʻAukake	8 月（Māhoe Mua）		

季節の分け方の一例を示します。何月から何月までが Kau、Hoʻoilo かは島によって異なるようです。

Kau	5 月（Ikiiki）から 10 月（ʻIkuā）までの期間
Hoʻoilo	11 月（Welehu）から 4 月（Welo）までの期間

Kau は一定の時季を意味し、特に夏を指します（議会の「会期」や学校の「学期」を表すのにも使われます）。ハワイ語辞書によると、もともとハワイ語には「春」と「秋」にあたる語はないと書かれています。ここで紹介するのは、春、夏、秋、冬という英語などで表現される世界を描写する手段として、新たに登場した語彙ということになります。

Kupulau「芽生える」	春（La'a ulu「成長の時季」、Kau o makalapua「開花の時季」）
Kau wela「暑い時季」	夏
Hā'ule lau「落ち葉」	秋（La'a make「枯れる時季」、La'a 'ula「紅葉の時季」、Ke kau o hā'ule lau「落ち葉の時季」）
Ho'oilo「雨が多く寒い時季」	冬（Kau anu「寒い時季」）

　日付は、日・月・年という順番で表記するのが一般的です。

　i ka lā [日] o [月] i ka makahiki [年] という形式になります。i は時を表す前置詞です。「2013 年 4 月 22 日」は以下のようになります。アルファベットで綴ると長くなります。

　　i ka lā iwakāluakūmālua o 'Apelila i ka makahiki 'elua kaukani 'umikūmākolu

　数字も利用すると以下のようにすっきりします。

　　i ka lā 22 o 'Apelila i ka makahiki 2013

Ke hoʻomākaukau nei au i ka ʻaina ahiahi.

できるようになること：今何をしているか話す
ハワイ語のしくみ：現在進行中の活動、不定詞、否定文

🔊 060

🌺 <ruby>E<rt>エ</rt></ruby> <ruby>aha<rt>アハ</rt></ruby> <ruby>ana<rt>アナ</rt></ruby> <ruby>ʻoe<rt>ッオエ</rt></ruby> ?

🌸 <ruby>Ke<rt>ケ</rt></ruby> <ruby>hoʻomākaukau<rt>ホッオマーカウカウ</rt></ruby> <ruby>nei<rt>ネイ</rt></ruby> <ruby>au<rt>アウ</rt></ruby> <ruby>i<rt>イ</rt></ruby> <ruby>ka<rt>カ</rt></ruby> <ruby>ʻaina<rt>ッアイナ</rt></ruby> <ruby>ahiahi.<rt>アヒアヒ</rt></ruby> <ruby>E<rt>エ</rt></ruby> <ruby>hele<rt>ヘレ</rt></ruby> <ruby>mai<rt>マイ</rt></ruby> <ruby>ana<rt>アナ</rt></ruby> <ruby>koʻu<rt>コッウ</rt></ruby> <ruby>mau<rt>マウ</rt></ruby> <ruby>hoa<rt>ホア</rt></ruby> <ruby>hānau<rt>ハーナウ</rt></ruby> <ruby>e<rt>ウエ</rt></ruby> <ruby>pāʻina.<rt>パーッイナ</rt></ruby>

🌺 <ruby>ʻAʻole<rt>ッアッオレ</rt></ruby> <ruby>lākou<rt>ラーコウ</rt></ruby> <ruby>e<rt>エ</rt></ruby> <ruby>noho<rt>ノ ホ</rt></ruby> <ruby>ana<rt>アナ</rt></ruby> <ruby>ma<rt>マ</rt></ruby> <ruby>Honolulu<rt>ホノルル</rt></ruby> ?

🌸 <ruby>ʻAʻole.<rt>ッアッオレ</rt></ruby> <ruby>E<rt>エ</rt></ruby> <ruby>noho<rt>ノ ホ</rt></ruby> <ruby>ana<rt>アナ</rt></ruby> <ruby>lākou<rt>ラーコウ</rt></ruby> <ruby>ma<rt>マ</rt></ruby> <ruby>Hilo.<rt>ヒロ</rt></ruby>

🌺 あなたは何をしているのですか？
🌸 夕飯の準備をしています。私のいとこたちが食事をしに来ます。
🌺 彼らはホノルルに住んでいないのですか？
🌸 住んでいません。彼らはヒロに住んでいます。

Māpuna ʻōlelo　表現／基本フレーズ

1 Ke hoʻomākaukau nei au i ka ʻaina ahiahi.
私は夕飯の準備をしています。

2 E hele mai ana koʻu mau hoa hānau e pāʻina.
私のいとこたちが食事をしに来ます。

3 ʻAʻole lākou e noho ana ma Honolulu ?
彼らはホノルルに住んでいないのですか？

Hua ʻōlelo
単語　hoa hānau（ホア ハーナウ）　いとこ　　　　　e（エ）　〜しに

Kamaʻilio　会話のポイント

❶ 今まさに〜しているところ　ke ＋ 動詞 ＋ nei

ke〜neiは今現在進行中の動作を表す印です。ユニット10で学んだe〜ana は現在進行中の動作以外に未来形や過去進行形としても使われますが、ke〜 neiは目の前で起こっている動作を表す場合にしか使われないので注意しま しょう。

❷ 〜しに／〜するために／〜すること　e ＋ 動詞

eは動詞の前について「〜しに」「〜するために」「〜すること」という意味 を表す不定詞です。

❸ 〜ない　ʻaʻole ＋ 文

「〜ない」という否定の表現は文頭にʻAʻoleを置きます。主語がlākou「彼 ら」のように代名詞である場合は、ʻaʻoleの後に代名詞の主語が続き「ʻAʻole ＋代名詞主語＋述語」という語順になりますが、主語が普通名詞である場合 は「ʻAʻole＋述語＋普通名詞主語」のように文頭にʻAʻoleを置くだけです。

■私は〜しています。

Ke **kalaiwa** nei au.

Ke **kali** nei au.

Ke **hiamoe** nei au.

■私は〜(し)ません。

ʻAʻole au **mākaukau**.

ʻAʻole au **manaʻo**.

ʻAʻole au **nānā**.

 063

単語

カライヴァ
kalaiwa　運転する

カリ
kali　待つ

ヒアモエ
hiamoe　寝る

マーカウカウ
mākaukau　準備ができている

マナッオ
manaʻo　思う

ナーナー
nānā　見る、気にする

66

離れた場所で起きている現在進行中の動作を表現してみましょう。

ke ~ ala

▶ Ke ʻauʻau ala nā keiki.　子どもたちが泳いでいます。

ke ~ lā

▶ Ke ʻohiʻohi lā ʻo ia i nā pua.　彼／彼女が花を摘んでいます。
ke~ala/lāは離れた場所で起きている現在進行中の動作を表す印です。

練習問題

1) 私たちはお喋りしています。

ヒント お喋りする wala‘au　私たち mākou

2) 私は新聞を読んでいます。

ヒント 読む heluhelu　新聞 nūpepa

3) 私はお皿を洗っています。

ヒント 洗う holoi　お皿 pā

4) （離れた場所で）生徒たちがフラを踊っています。

ヒント フラを踊る hula　生徒 haumāna

5) （離れた場所で）ミュージシャンたちが演奏しています。

ヒント 演奏する hoʻokani　ミュージシャン mea hoʻokani pila

解答
1) Ke walaʻau nei mākou.
2) Ke heluhelu nei au i ka nūpepa.
3) Ke holoi nei au i nā pā.
4) Ke hula ala / lā nā haumāna.
5) Ke hoʻokani ala / lā nā mea hoʻokani pila.

12 Ua ʻike au iā Pua.

できるようになること：過去の出来事について話す
ハワイ語のしくみ：完了（過去）

🔊 065

🌺 Ua ʻike au iā Pua.
🌸 Pehea ʻo ia ?
🌺 Ua maikaʻi ʻo ia. Ua hoʻi mai ʻo ia mai Hilo
mai i kēlā pule aku nei.

🌺 私はプアを見ました。
🌸 彼女は元気でしたか？
🌺 彼女は元気でした。彼女は先週ヒロから戻ってきました。

Māpuna ʻōlelo　表現／基本フレーズ

1 Ua ʻike au iā Pua.
私はプアを見ました。

2 Ua maikaʻi ʻo ia.
彼女は元気でした。

3 Ua hoʻi mai ʻo ia mai Hilo mai i kēlā pule aku nei.
彼女は先週ヒロから戻ってきました。

🔊 066

Hua ʻōlelo
単語

ʻike	見る	mai	話し手の方へ
hoʻi	戻る	kēlā pule aku nei	先週
mai	〜から		

Kamaʻilio 会話のポイント

❶ 完了した行為　ua + 動詞

uaは動詞の前についてその動詞が表す行為が完了したことを表します。

▶ Ua hōʻea lākou.　彼らは到着しました。　　　　　　🔊 067
　Ua kui lei au.　私はレイを編みました。

❷ 過去の状態　ua + 状態動詞

「ua + 状態動詞」は、その状態が過去であることを表す場合と、ある状態に到達してからその状態がずっと続いていることを表す場合があります。
Ua maikaʻiは「元気だった」と「元気だ」の2通りの意味で使うことができます。

▶ Ua paʻahana au.　私は忙しかったです。／私は忙しいです。　🔊 068

❸ 過去を表す語句

過去の時を表す語句もユニット10で学んだ未来を表す語句と同様に場所や時間帯を表す前置詞のiをつけて表します。「先週／先月／去年」はkēlā「前の」と過去を表すaku neiを使って「前の週／月／年」というような表現をします。kēlā pule aku neiは「先週」を意味しています。

■私は〜した。

Ua **lohe** au.

Ua **haʻi** au.

Ua **hoʻonanea** au.

■(過去の時)〜に

i **nehinei**

i **kēlā mahina aku nei**

i **kēlā makahiki aku nei**

 070

 Hua ʻōlelo
単語 lohe 聞く   nehinei 昨日

 haʻi 伝える、言う   kēlā mahina aku nei 先月

hoʻonanea 楽しむ   kēlā makahiki aku nei 去年

名詞に完了（過去）を表す印のuaをつけた表現をしてどのような意味になるか日本語訳を参考にしてみてください。

もうひとこと
🔊 071

kakahiaka 朝

▶ Ua kakahiaka.　朝になりました。

hale 家

▶ Ua hale mākou.　私たちは家があります。

 練習問題

1) 私はショッピングセンターに買い物に行きました。

　　　ヒント 買い物に行く kūʻai hele　ショッピングセンター kikowaena kūʻai

2) 私は去年フラを始めました。

　　　　　　　　　　　　　　　　ヒント 始める hoʻomaka

3) 私は昨日先生にメールをしました。

　　　　　　　　　　ヒント メールをする leka uila　先生 kumu

4) カイポは怒っていました。

　　　　　　　　　　　　　　　　　　ヒント 怒る huhū

5) 仕事が終わりました。

　　　　　　　　　　　　　ヒント 終わる pau　仕事 hana

解答

1) Ua kūʻai hele au i ke kikowaena kūʻai.

2) Ua hoʻomaka au i ka hula i kēlā makahiki aku nei.

3) Ua leka uila au i ke kumu i nehinei.

4) Ua huhū ʻo Kaipo.

5) Ua pau ka hana.

13

Mahalo nui iā ʻoe.

できるようになること：お礼をする
ハワイ語のしくみ：気持ち・感想を表す表現、動詞の名詞化

 🔊 072

🌺 Mahalo nui loa.
🌸 Noʻu ka hauʻoli.

🌺 ありがとう。
🌸 どういたしまして。

 Māpuna ʻōlelo　表現／基本フレーズ

1 Mahalo.
　ありがとう。

2 Mahalo nui loa.
　ありがとうございます。

3 Noʻu ka hauʻoli.
　どういたしまして。

🔊 073

単語

mahalo　感謝する

nui　たくさんの

loa　とても

noʻu　私のもの

hauʻoli　幸せ

Kamaʻilio 会話のポイント

❶ ありがとう　Mahalo.

074

Mahalo.といえば、お礼の気持ちを伝えられます。お礼を言う相手を明確にしたい時は、iā＋代名詞をつけます。

▶ Mahalo iā ʻoe / ʻolua / ʻoukou.

さらにnoをつけ、お礼の内容を述べることができます。

▶ Mahalo iā ʻoe no ke kōkua.　　　助けてくれてありがとう。

❷ 感謝の度合い　Mahalo nui loa.

🔊 075

Mahalo「ありがとう」、Mahalo nui「ありがとうございます」、Mahalo nui loa「どうもありがとうございます」というように感謝の度合いを高めることができます。ここではnuiとloaは修飾語のような働きをしていますが、それぞれ状態動詞や名詞としての働きもあります。動詞の例だけ紹介します。

▶ Nui nā hewa.　　　　間違いが多い。　　＊nui［状態動詞］多い

　 E loa ke ola.　　　　長生きしますように。　＊loa［状態動詞］長い

❸ お礼への返答　Noʻu ka hauʻoli.

「どういたしまして」という表現です。直訳すると「幸せは私のものです」となります。noʻuは「私のもの」という意味です。

❹ 名詞でもあり、状態動詞でもある

🔊 076

ハワイ語では、同一の単語を状態動詞として用いたり、③のように名詞の印ka/keをつけて名詞として用いたりします。名詞の印をつける以外に語形の変化はありません。ハワイ語の辞書で品詞が*nvs.*と表記されている場合、noun（名詞）であり、stative verb（状態動詞）でもあるという意味です。動詞を名詞化する'anaという語もあります。ただし、'anaは名詞化に必須の接尾辞でなく、選択的な分詞という扱いです。'anaは動詞を名詞化するにあたり、動詞的要素を付加するといえます。

▶ ka hele ʻana mai / ka hele mai　　　（ここに）来ること

73

置き換え練習 🔊 077

■ ～ありがとう。～に感謝します。

Mahalo no ke kiʻi.

Mahalo no ka makana.

Mahalo no ka mea ʻono.

■ ～どうもありがとうございます。～してくれたことに本当に感謝します。

Mahalo nui loa no ke kōkua ʻana.

Mahalo nui loa no ke kelepona ʻana.

Mahalo nui loa no ke kipa ʻana.

··· 🔊 078

単語	no ～に、～のために	kōkua 助ける

no　～に、～のために　　　　　kōkua　助ける

kiʻi　写真　　　　　　　　　　kelepona　電話する

makana　贈り物

mea ʻono　デザート（meaは「もの」、ʻonoは「おいしい」）

お礼を伝える定番表現のひとつです。

もうひとこと
🔊 079

Mahalo ā nui！ ありがとうございます！

▶ Mahalo nuiと似ていますが、Mahaloとnuiが接続詞のāで結びつけられている点が重要です。このāは「アー」と伸ばして発音する長母音です。伸ばして発音することで、お礼の気持ちを強調することができます。また、Alohaを使っても感謝を伝えることが可能ですが、Aloha ā nuiということで、感謝の度合いが高まります。

 練習問題

1）かわいい贈り物をありがとう。

ヒント かわいい nani

2）カマイレ、助けてくれてありがとう。

3）どういたしまして、カッアラ。

ヒント カッアラ Ka'ala（人名）

4）私に電話してくださりありがとうございました。

ヒント 私に ia'u

5）ほんっとうにありがとう！

 解答

1) Mahalo no ka makana nani.

2) Ē Kamaile, mahalo no ke kōkua 'ana.

3) No'u ka hau'oli, ē Ka'ala.

4) Mahalo nui loa no ke kelepona 'ana ia'u.

5) Mahalo ā nui！

14 E kala mai iaʻu.

できるようになること：謝る
ハワイ語のしくみ：謝罪と謝罪に対する返事

🔊 080

🌸 E kala mai iaʻu.

🌸 ʻAʻole pilikia.

🌸 すみません。
🌸 問題ありません。

 Māpuna ʻōlelo 表現／基本フレーズ

1 E kala mai.
すみません。

2 E kala mai iaʻu.
すみません。（私を許して。）

3 ʻAʻole pilikia.
問題ありません。

🔊 081

 単語   Hua ʻōlelo

kala　許す	ʻaʻole　ない、いいえ
iaʻu　私を、私に（iā aʻuの短縮形、au は「私」）	pilikia　問題

Kamaʻilio　会話のポイント

❶ 謝る　E kala mai.

eから始まる命令文です。E＋動詞kala（許す）＋方向詞mai（話し手の方へ）で、「許してください」という意味になっています。E ʻoluʻolu ʻoeを付け加えることで、より丁寧な表現にすることもできます。聞き手の人数により、ʻoe「あなた」をʻolua「あなたたち2人」やʻoukou「あなたたち3人以上」と入れ替え、誰に対して許しを求めているか明らかにすることもできます。単に言い澱みをした時、人の視界を遮るような移動をした時、イベントの進行を妨げるようなことがあった時など、さまざまな状況で使います。

❷ ～を許してください　E kala mai i ～　　　🔊082

E kala maiの後に、動詞kala（許す）の目的語を続けることができます。「私」が目的語の場合は、iaʻu「私を」となります。他の人称代名詞の場合は、iā＋人称代名詞となります。他の名詞（名詞化した動詞を含む）の場合は、i＋名詞句となります。目的語が「私」や「私たち」ではない場合、方向詞はmaiではなくakuを使います。

　　▶ E kala mai iaʻu.
　　　 E kala aku iā ia.
　　　 E kala mai i ka/ke 名詞.／E kala mai i ka/ke 動詞 ʻana.

❸ （謝罪に対して）問題ないよ　ʻAʻole pilikia.

E kala mai.のような謝罪に対して、「いいよ」「問題ないよ」と返答をする表現です。謝罪だけでなく、お礼を述べる表現に対しても、使うことができます。ʻaʻoleは「ない」を意味し、yes/noで答える質問に対し「いいえ」と答える際にも使われます。ちなみに、yesにあたる単語はʻaeです。pilikiaは（大小のさまざまな）「問題」を意味します。ʻAʻole pilikia.で、「問題がない」という意味になり、謝罪やお礼に対して、（自分への負担のことは気にしなくて）「いいよ」と返答していることになります。

■ ～を許してください。

E kala mai iā **māua**.

E kala mai iā **mākou**.

E kala aku iā **Kanoe**.

■ （私が）あなたに対して～したことを許してください。

E kala mai i ka **hoʻoluhi** ʻana iā ʻoe.

E kala mai i ka **hoʻāla** ʻana iā ʻoe.

E kala mai i ka **poina** ʻana iā ʻoe.

084

単語　Kanoe　カノエ（人名）、noe（霧）

 hoʻoluhi　困らせる（luhiは［状態動詞］疲れている）

hoʻāla　起こす（alaは［状態動詞］起きている）

poina　忘れる

もうひとつ謝罪表現について学びましょう。

もうひとこと
 085

huikala 許す

▶ E huikala mai iaʻu. 私のことを許してください。

 練習問題

1）全く問題ないよ！

ヒント 全く〜ない ʻaʻole loa

2）キモをどうか許してあげてください。

ヒント キモ Kimo（人名）

3）どうか私のことを許してください。（丁寧に）

ヒント 許す huikala

4）あなたたち2人を困らせたことを許して！

ヒント あなたたち2人 ʻolua

5）失礼しました！（大勢の人に向かって丁寧に）

ヒント あなたたち3人以上 ʻoukou

解答

1) ʻAʻole loa pilikia！

2) E ʻoluʻolu ʻoe e kala aku iā Kimo.

3) E ʻoluʻolu ʻoe e huikala mai iaʻu.

4) E kala mai i ka hoʻoluhi ʻana iā ʻolua！

5) E ʻoluʻolu ʻoukou e kala mai iaʻu!

人称代名詞

ハワイ語の人称代名詞は、「私」、「私たち2人」、「私たち3人以上」のように、単数、双数、複数の区別があります。また、「私たち」には、聞き手（あなた）を含む場合の「私たち」と含まない「私たち」があります。

	単数（1）	双数（2）	複数（3以上）
1人称	au	kāua	kākou
		（聞き手［あなた］を含む）	
		māua	mākou
		（聞き手［あなた］を含まない）	
2人称	ʻoe	ʻolua	ʻoukou
3人称	ʻo ia	lāua	lākou

日本語やハワイ語でも聞き手を含むか含まないかを文脈から判断することはできますが、ハワイ語には聞き手を含むか含まないかで別々の語形があるので曖昧さの生じる余地がないということです。自分宛のラブレターに kāua と書いてあるか、māua と書いてあるかで、大きく意味合いが異なります。

kāua

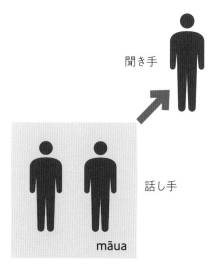

māua

方向詞maiとaku

　ユニット3で別れ際の挨拶 Aloha aku i kou ʻohana! を取り上げました。この挨拶の中で方向詞 aku が登場します。aku は「話し手（の視点）から離れて」いくことを表します。挨拶が話し手から kou ʻohana「あなたの家族」に向かっていくのをイメージするとよいでしょう。

　逆に、ユニット1では、話し手と聞き手が2人という状況で使われる挨拶 Aloha mai kāua! を取り上げました。この挨拶では方向詞 mai が使われています。mai は「話し手（の視点）の方へ」向かっていくという意味合いです。ここでは、聞き手を含めた「私たち2人」と関わる挨拶であり、当然、話し手も含まれているわけです。

　方向詞が動詞 kūʻai と一緒に用いられると、kūʻai mai は「買う」、kūʻai aku は「売る」という対比的な意味になります。同様に aʻo と用いられると、aʻo mai は「学ぶ」、aʻo aku は「教える」という意味になったりします。他にも、lawe mai は「持ってくる」、lawe aku「持っていく」という意味になります。

　なお、前置詞として用いられる mai もあります。これは「〜から」というように、（時や移動の）起点を表します。例えば、mai Honolulu で「ホノルルから」という意味であり、mai Honolulu mai のように最後に方向詞 mai を添え、ホノルルから「話し手の方へ」（あるいは視点の中心へ）という意味を追加することがあります。

　mai と aku 以外にも、意味を添える働きをする方向詞として aʻe「上へ」と iho「下へ」があります。hele aʻe で「（上に）行く、昇る」、hele iho で「（下に）行く、降りる」となります。iho は「食べる」、「飲む」などの動詞ともよく使われます。

　また、aʻe と iho には認知的な用法もあって、思考を表す動詞と一緒に aʻe を用いて「考えが思いつく、思い浮かぶ」というニュアンスを出したり、逆に、iho を用いて「内省する」というニュアンスを出したりすることができます。日本語の「腑に落ちる」という感覚と共通しています。（ユニット3に登場した E mālama pono ʻoe iā ʻoe iho! では、iho は人称代名詞の後に続き、「〜自身」という意味になっていました。）

　ユニット10では kēia mahina aʻe「来月」という表現が出てきましたが、aʻe は未来のことという意味を添えることができます。同じように、ユニット12では kēlā pule aku nei「先週」という表現を紹介したように、aku は過去のことという意味を添えることができます。

コラム　ハワイとことば④

「楽園」ではなく「日常」で継承される言語

　大学の授業でハワイを取り上げると、受講生の期待値がぐっと上がるのを感じます。しかし、その期待は「観光」、「楽園」、「非日常」というキーワードと結びつき、ハワイにはどのような人々が住み、どのような言語が話されているか、受講生が知っていることは限定的です。

　ハワイ語はオーストロネシア語族のポリネシア諸語に分類されます。ポリネシアといったら、日本では 2017 年に公開されたディズニー映画『モアナと伝説の海』に描かれている世界を思い浮かべる人も多いでしょう。ハワイ語はタヒチ語やサモア語といったポリネシア諸語と近い親戚関係にあり、インドネシア語や台湾原住民語などのアジアの言語と遠い親戚関係にあります。

　家庭での使用言語に関するハワイ州の統計資料（2016 年 3 月）によると、5 歳以上の人口約 128 万人のうち、家庭でハワイ語を話しているのは約 1.8 万人です。4 歳以下の子どもを算入して約 2 万人でしょう。内訳は年配の母語話者が多くて数十人で、1980 年代に開始された没入教育（ハワイ語のみでの教育）を受けた新しい世代の母語話者、科目として学んだ第 2 言語使用者が大半を占めます。

　ハワイ大学では学部生を対象とするハワイ語クラスが多く開講されています。先住民系の学生を中心により高度な科目を履修し、大学院へ進学する人もいます。ハワイ語で博士論文を執筆することも可能です。こうした学生の中には、就学前から没入教育を受けた人たちがいて、最初の世代は現在 30 代半ばで、今度は自分たちが親世代として次世代をハワイ語で育てる段階に来ています。

　しかし、すべての先住民系の人々が子どもたちに没入教育を受けさせているわけではありません。英語を教育言語とする公立・私立校、先住民文化を中心に学ぶチャータースクールなど選択肢は複数あります。ハワイ語の詩の表現が根底にある伝統舞踊フラの実践を通じて、日常会話とは異なる側面からハワイ語の知識を継承している人々もいます。

　ファーストネームやミドルネームにハワイ語を使う場合もあります。私（古川）が出会ったクラスメートや先生、その家族の中にも、女性だったら、プア「花」、カ

ナニ「かわいい」、マーヘアラニ「満月」、男性だったら、ケアロハ「愛」、ケコア「戦士」、ケオニ「動く」という人たちがいます。また、2018年のフラ大会の優勝者は、カプアウッイオナーラニ「天の美しい花」という長いミドルネームを持っていました（ただし、日系人であることを示すキクヨというミドルネームもあります）。

このようにさまざまな形でハワイ語を実践する人々が漏れなく上述の統計に反映されているわけではありません。

ハワイには1810年から1893年まで近代的な王国が存在しました。王国の転覆後、統治形態は共和国、準州と変遷し、現在のハワイ州となっています。日本をはじめとする国や地域からの移民の流入、日米の戦争、観光地化にまつわる歴史を紹介すると、受講生はハワイがグローバル化のただ中にあり、ハワイを起点にして国際関係が学べることに気づくことになります。

就学前の子どもをハワイ語で教育する
プーナナ・レオ（声の巣）を示す地図

15 E ʻoluʻolu e kōkua mai iaʻu.

できるようになること：頼み事をする

ハワイ語のしくみ：E ʻoluʻolu, ke ʻoluʻoluの使い方、禁止のmai

◀ 086

🌺 E ʻoluʻolu e kōkua mai iaʻu i ka lā ʻapōpō.

🌸 Hiki nō.

🌺 Mai poina !

🌺 明日私を手伝ってください。

🌸 もちろん。

🌺 忘れないでね！

Māpuna ʻōlelo　表現／基本フレーズ

1 E ʻoluʻolu e kōkua mai iaʻu i ka lā ʻapōpō.
明日私を手伝ってください。

2 Hiki nō.
もちろん。

3 Mai poina !
忘れないでね！

◀ 087

Hua ʻōlelo
単語

ʻoluʻolu　ʻoluの重複形、穏やか

e ʻoluʻolu　命令文を丁寧にする表現、e ʻoluʻolu ʻoeと同様

kōkua　助ける

hiki　いいですよ、もちろん、（できます）

nō　強調

mai　禁止、〜するな

Kamaʻilio　会話のポイント

❶ (して)ください　e ʻoluʻolu ～

頼み事をする時は、命令文（e＋動詞）を用います。E kōkua！で「手伝って！」となり、方向詞maiがつくことで「（依頼をしている）話し手の方へ」という意味を添えることができます。丁寧な依頼にするには、命令文の前に、e ʻoluʻoluをつけます。e ʻoluʻolu ʻoeも同じ働きをします。どちらもこれ自体が「（私に）親切にしてください」という命令文になっています。依頼相手によって、ʻoe「あなた」、ʻolua「あなたたち2人」、ʻoukou「あなたたち3人以上」と使い分けることが可能です。ただ、e ʻoluʻoluは依頼相手の人数を省いているので、こちらの方が使いやすいでしょう。

iaʻu（私を）は、動詞kōkuaの目的語です。手伝う対象が「あなた」のように人称代名詞（や固有名詞）の時は、目的語を表す印（参照→ユニット9）がiāとなります。一方、普通名詞の時は、目的語を表す印がiとなることに注意しましょう。

❷ もちろん！　Hiki nō.

◀ 088

Hiki！あるいはHiki nō！で、「もちろん！」「いいですよ！」というように、依頼に対する応答として使います。nōとセットになっているHiki nō！の方がより強調した表現になっています。ちなみに、hikiは多義語であり、こうした間投詞としての用法の他にも、動詞として「～できる」という意味や「～に到着する」という意味でも使われます。とても使い勝手のよい単語と言えるでしょう。

▶ Hiki iaʻu ke ʻōlelo Hawaiʻi.　　　私はハワイ語を話せます。
　Ua hiki mai ʻo Kealoha i ke awa.　ケアロハは港に着きました。

❸ 禁止　Mai ＋ 動詞！

「～するな、してはいけない」という禁止の表現はmai＋動詞を用います。ハワイ語の命令文では命令（依頼や禁止）する相手（ʻoe、あなた）に言及することも、言及しないこともあります。命令をしている相手が文脈から明らかなので基本的には省略されると理解してよいでしょう。基本フレーズ③で、省略しない場合は、Mai poina ʻoe！となります。「私のことを忘れないでね！」という場合は、Mai poina ʻoe iaʻu！となります。

■ 〜してください。

E ʻoluʻolu e **aʻo aku i ka ʻōlelo Hawaiʻi iā lākou**.

E ʻoluʻolu e **kākau i kou inoa**.

E ʻoluʻolu e **hula**.

■ 〜しないで！

Mai **hilahila**！

Mai **nānā i ke kīwī**！

Mai **lele**！

 090

Hua ʻōlelo
単語

aʻo aku　教える（aʻo maiは「学ぶ」）ただし「私に教える」の場合はaʻo mai。	hilahila　恥ずかしい
	kīwī　テレビ
ʻōlelo Hawaiʻi　ハワイ語	lele　飛ぶ、ジャンプする
kākau　書く	

86

命令文を丁寧にする表現を学びましょう。

もうひとこと
🔊 091

ke ʻoluʻolu　命令文を丁寧に

▶ E mele i kekahi mele Hawaiʻi, ke ʻoluʻolu.
何かハワイ語の歌を歌ってください。

文頭ではE ʻoluʻolu、文の最後につける場合はke ʻoluʻluというように使い分けます。

kekahi「何か」は不定冠詞の一種です。「AはBです」というhe等位文（参照→ユニット6）のheも不定冠詞でした。

「一緒に～しましょう」と相手を誘う表現も学びましょう。

E + 動詞 + kāua/kākou　一緒に～しましょう

▶ E mele kāua !　私たち2人で一緒に歌いましょう！

▶ E aʻo mai kākou i ka ʻōlelo Hawaiʻi !
私たち（3人以上）で一緒にハワイ語を学びましょう！

練習問題

1) この本を読んでください。　　　　　　ヒント この本 kēia puke

2) ここにあなたの名前を書かないで！

ヒント ここ ma ʻaneʻi / i ʻaneʻi

3) 家の中に入って！　　　　ヒント 家 hale　入る komo

4) 私たち2人で一緒にケアロハを手伝いましょう！

解答　1) E ʻoluʻolu e heluhelu i kēia puke.

2) Mai kākau i kou inoa ma ʻaneʻi !

3) E komo mai i ka hale !

4) E kōkua kāua iā Kealoha !

16 He kāwele ʻulaʻula kāu ?

できるようになること：買い物をする

ハワイ語のしくみ：所有の表現、数、色、サイズ

🔊 092

❁ He kāwele ʻulaʻula kāu ?

❀ ʻAe. He kāwele ʻulaʻula kaʻu.

❀ ʻEhia kālā?

❁ 赤いタオルはありますか？

❀ はい。ありますよ。

❀ いくらですか？

 Māpuna ʻōlelo 表現／基本フレーズ

1 He kāwele ʻulaʻula kāu ?
赤いタオルはありますか？

2 ʻAe. He kāwele ʻulaʻula kaʻu.
はい。赤いタオルはあります。

3 ʻEhia kālā?
いくらですか？

🔊 093

Hua ʻōlelo
単語

kāwele	タオル	kaʻu	私の
ʻulaʻula	赤い	ʻehia	いくつ、いくら
kāu	あなたの	kālā	お金
ʻae	はい		

Kamaʻilio　会話のポイント

❶ ～ありますか？　he ＋ 名詞 ＋ kāu ?

「～ありますか？」と尋ねる時は、「he ＋ 名詞 ＋ kāuあなたの」という語順になります。heは不定冠詞の一種です（参照→ユニット6）。ここでは名詞はkāwele「タオル」の後ろに'ulaʻula「赤い」と修飾語が続き、「赤いタオル」という名詞句になっています。このように商品を特定してから、kāu「あなたの」という人称代名詞を用います。これで「あなたは～を持っていますか？」という意味になり、商品の有無を尋ねることができます。すでに「あなたの」はkouという語が出てきましたが、これは名詞がoクラスの時に使い、kāuはaクラスの時に使います。ハワイ語の名詞はoクラス（選択できない）とaクラス（選択できる）に分類され、商品として話題にするような状況では、aクラスとして扱うと理解すればよいでしょう。

❷ ～あります　he ＋ 名詞 ＋ kaʻu.

「～ありますか？」という質問に対する応答として、「～あります」と応答する場合もやはり「he ＋ 名詞」で商品を特定してから、今度はkaʻu「私の」という人称代名詞を用います。これで「私は～を持っています」という意味になります。「私の」という人称代名詞はkoʻuとkaʻuがありますが、上述の通り、商品のことを話題にしている場面では、aクラスの名詞に対応するkaʻuが用いられることになります。

❸ いくらですか？　ʻEhia kālā ?

「いくら？」と尋ねる便利な表現です。kālāは英語からの借用語です。dollar「ドル」がハワイ語の音のしくみの中で、カーラーと形を変えて定着しています。kālāを用いない他の尋ね方としては、ʻEhia o kāu kāwele ?もあります。これだと、kāu kāwele「あなたのタオル」にどれくらいの価値があるのか尋ねています。少し複雑な文構造ですが、ʻEhia o kāu ＋ 名詞？で、いろいろな商品の値段を尋ねることができます。

■～はありますか？

He **pāpale polū** kāu ?

He **pālule melemele** kāu ?

He **pāʻū ʻomaʻomaʻo** kāu ?

■～はいくらですか？

ʻEhia o kāu **kāmaʻa ʻeleʻele** ?

ʻEhia o kāu **pale wāwae keʻokeʻo** ?

ʻEhia o kāu **ʻeke ʻākala** ?

 095

単語　Hua ʻōlelo

pāpale　帽子	ʻeleʻele　黒色
polū　青色	pale wāwae　スリッパ（paleは「保護」、wāwaeは「足」）
pālule　シャツ	
melemele　黄色	keʻokeʻo　白色
pāʻū　パウスカート	ʻeke　かばん、袋
ʻomaʻomaʻo　緑色	ʻākala　ピンク色
kāmaʻa　くつ	

店員さんの応答を理解できるようになりましょう。

もうひとこと
🔊 096

ʻaʻohe　（商品が）ない

▶ ʻAʻohe aʻu pāʻū ʻeleʻele.　黒いパウスカートはありません。
「ʻAʻohe + aʻu + 商品」という表現です。aʻuは人称代名詞kaʻuの語頭のk
が落ちた語形（kなし形）です。「～がない」という表現では、このkなし形
のaʻuがʻAʻoheの直後に続きます。

値段

▶ ʻEkolu kālā.　3ドルです。
▶ ʻUmikūmākolu kālā.　13ドルです。
▶ Iwakāluakūmākolu kālā.　23ドルです。
▶ Kanakolu kālā.　30ドルです。
▶ Kanakolukūmākolu kālā.　33ドルです。
▶ ʻEkolu haneli kālā.　300ドルです。
▶ ʻEkolu haneli kanakolukūmākolu kālā.　333ドルです。
「1つだけ」と強調する時、あるいは「～を1つ（ください）」という時は、
hoʻokahiを使います。

 練習問題

1) 小さい白いシャツはありますか？　　　ヒント 小さい liʻiliʻi

2) 黄色の帽子はいくらですか？

3) 14ドルです。

4) 緑色のカバンはありません。

解答
1) He pālule keʻokeʻo liʻiliʻi kāu ?

2) ʻEhia o kāu pāpale melemele ?

3) ʻUmikūmāhā kālā.

4) ʻAʻohe aʻu ʻeke ʻōmaʻomaʻo.

17 He aha kou makemake ?

できるようになること：レストランで食事をする

ハワイ語のしくみ：欲しいものを聞く、答える、ハワイアン料理の名前

🔊 097

❀ He aha kou makemake ?

❀ Makemake au i ka laulau. A ʻo ʻoe ?

❀ Makemake au e ʻai i ke kāmano lomi a me ka lūʻau.

❀ 何にしますか？（あなたの望みは何ですか？）

❀ 私はラウラウにします。あなたは？

❀ 私はロミサーモンとルーアウが食べたいです。

 Māpuna ʻōlelo 表現／基本フレーズ

1 He aha kou makemake ?

あなたの望みは何ですか？

2 Makemake au i ka laulau.

私はラウラウが欲しいです。

3 Makemake au e ʻai i ke kāmano lomi a me ka lūʻau.

私はロミサーモンとルーアウが食べたいです。

🔊 098

 単語

aha　何

makemake　望み、好き、〜したい

laulau　ラウラウ（ティーリーフやバナナの葉に豚肉や魚を包んで蒸したもの）

ʻai　食べる

kāmano lomi　ロミサーモン（塩を振ったサーモンと細かく切った玉ねぎやトマトを混ぜたもの）

a me　〜と〜

lūʻau　ルーアウ（肉や魚などをタロ芋の葉とココナッツミルクで煮込んだもの）

Kama‘ilio 会話のポイント

❶ 欲しいものを尋ねる

He aha kou makemake ?

he ahaはユニット6で学んだ「何ですか」と尋ねる時の疑問詞です。kou makemakeは「あなたの欲しいもの、望み」という意味です。
レストランなどお店で注文を尋ねる時によく使われるフレーズです。

❷ 私は〜が欲しいです

Makemake au i 〜.

makemakeは「〜が欲しい」「〜が好き」という意味の動詞として使うこともできます。
目的語の印iのあとに欲しいものや好きなものを表す言葉が続きます。

❸ 私は〜したいです

Makemake au e + 動詞.

「〜したい」という場合は不定詞のeを使って「makemake＋主語＋e＋動詞（したいこと）」という形で表現します。

■私は〜が欲しいです。

Makemake au i ka **poi**.

Makemake au i ka **haupia**.

Makemake au i ke **kūlolo**.

■私は〜したいです。

Makemake au e **inu**.

Makemake au e **kāpī**.

Makemake au e **ninini**.

━━━━━━━━━━━━━━━━━━━━━━━━━━━ ◀ 100

単語

poi　ポイ（蒸したタロ芋をすり潰して
　ペースト状にしたもの）

haupia　ハウピア（ココナッツミルク
　からできているデザート）

kūlolo　クーロロ（蒸したタロ芋とココ
　ナッツミルクでできているプディン
　グ）

inu　飲む

kāpī　（塩を）ふりかける

ninini　注ぐ

94

レストランで使う色々なフレーズを言ってみましょう。

もうひとこと
🔊 101

'ono　おいしい

▶ 'Ono loa kēia i'a.　この魚はとてもおいしいです。

pōloli　お腹が空く

▶ Pōloli au.　私はお腹が空いています。

mā'ona　お腹がいっぱい

▶ Mā'ona au.　私はお腹がいっぱいです。

練習問題

1）私はハワイアンレストランに行きたいです。

ヒント ハワイアンレストラン hale 'aina Hawai'i

2）私はアヒ（まぐろ）のポケ（魚介類の切り身に調味料や海藻を混ぜ込んで
調理した料理）を試してみたいです。

ヒント 試す ho'ā'o　アヒのポケ poke ahi

3）私はシェアしたいです。

ヒント シェアする ka'ana like

4）私は水が欲しいです。　　　　　　　　　　**ヒント** 水 wai

5）私はデザートが欲しいです。　　　　　**ヒント** デザート mea 'ono

解答

1) Makemake au e hele i ka hale 'aina Hawai'i.

2) Makemake au e ho'ā'o i ka poke ahi.

3) Makemake au e ka'ana like.

4) Makemake au i ka wai.

5) Makemake au i ka mea 'ono.

aクラスとoクラス

　ハワイ語の名詞はaクラスかoクラスかに分類されます。ハワイ語を通して見える世界といえるかもしれません。基本的には、「選択できるもの」はaクラス、「選択できないもの」はoクラスということになります。

　ユニット4には、koʻu inoa「私の名前」という表現が出てきました。生まれてくる自分に名前を決めることはできないので、「選択できないもの」ということで、名前はoクラスです。よって、koʻu inoaとなります。同様に、ユニット7には、母や姉妹という名詞が登場しましたが、親や兄弟姉妹も「選択できないもの」ということで、oクラスです。

　hoa「友達」は選択できそうですが、ハワイ語では「選択できないもの」ということでoクラスの名詞になっています。私の友達はkoʻu hoaとなります。一方、恋人ipoや配偶者kāne, wahineは「選択できるもの」のaクラスです。

　ユニット6にはkāu hana「あなたの仕事」という表現が出てきました。仕事や（自分がしていること）は「選択できるもの」でありaクラスに分類されていることがわかります。ユニット16には買い物の場面が登場しました。商品の有無を尋ねたり、答えたりするやりとりでしたが、商品は「選択できるもの」ということでaクラスです。

　ユニット17にはmakemake「望み」という名詞が登場しましたが、これはaクラス、oクラスのどちらでしょうか。心理状態は「選択できないもの」ということで、kou makemake「あなたの望み」と表現されていました。

　他に少し注意が必要なのは、「家」、「車」、「服」などです。これらはある種の商品と考えれば、「選択できる」aクラスの名詞たちといえそうです。実際にそのような文脈であれば、aクラスとして分類されます。しかし、住んだり、運転したり、身につけたりというように、家、車、服などの中の「空間を占める」というような文脈では、これらはoクラスに分類されます。「私の〜」という表現であれば、それぞれkoʻu hale, koʻu kaʻa, koʻu loleとなります。

　「私の」、「あなたの」、「彼・彼女の」という表現をaクラス、oクラス別に一覧表にまとめたものが以下になります。

	aクラス（選択できる）	oクラス（選択できない／空間を占める）
1人称	kaʻu 私の	koʻu 私の
2人称	kāu あなたの	kou あなたの
3人称	kāna 彼・彼女の	kona 彼・彼女の

　愛着を持って「私の〜」という場合は、aクラスとoクラス共通でkuʻuを用います。例えば、kuʻu ipo「私の恋人」やkuʻu hale「私の家」となります。

色

◀◆ 102

ハワイ語で色を表す語彙は以下の通りです。

‘ula‘ula	赤
‘ākala	ピンク
‘āhinahina	グレー
‘alani	オレンジ
‘ōma‘oma‘o	緑
māku‘e	茶
melemele	黄
poni	紫
ke‘oke‘o	白
polū	青
‘ele‘ele	黒
uli	暗い色（深海の青、草木の緑、雨雲の黒などを含む）

　これらの色は、ハワイの島と結びつけられています。20世紀の初め頃、ハワイの各島に色（と花）を結びつける新しい「伝統」が定着しました。

　各島と結びついた色は、赤（ハワイ島）、ピンク（マウイ島）、グレー（カホオラヴェ島）、オレンジ（ラナイ島）、緑（モロカイ島）、黄（オアフ島）、紫（カウアイ島）、白（ニイハウ島）となっています。

　また、各島と結びついた花（あるいはレイの材料となる植物など）は、ハワイ島がレフア、マウイ島がロゼラニ（バラ）、カホオラヴェ島がヒナヒナ、ラナイ島がカウナオア、モロカイ島がククイ、オアフ島がイリマ、カウアイ島がモキハナ、そして、ニイハウ島がプープー（貝）です。

　こうした知識があれば、馬に乗ったパレードの参加者たち（パーウーライダー）やフラダンサーたちが身につける衣装を見ると、どの島と関係しているのかがわかります。

18 Hau'oli lā hānau iā 'oe !

できるようになること：お祝いをする
ハワイ語のしくみ：誕生日や季節の挨拶

◀ 103

🌺 Hau'oli lā hānau iā 'oe. Mana'olana au, pili mau nā pōmaika'i me 'oe.
🌺 Mahalo! E maika'i ana ko'u lā hānau.

🌺 お誕生日おめでとう。幸運がいつもあなたと共にありますように。
🌺 ありがとう！いい誕生日になりそうです。

Māpuna 'ōlelo　表現／基本フレーズ

1 Hau'oli lā hānau iā 'oe.
お誕生日おめでとう。

2 Mana'olana au, pili mau nā pōmaika'i me 'oe.
幸運がいつもあなたと共にありますように。

◀ 104

Hua 'ōlelo
単語

hau'oli　幸せな、幸せ

lā hānau　誕生日

mana'olana　願う

pili　共にある

mau　いつも（pili mauのような動詞
　　句はmauがpiliにかかる副詞・修飾
　　語のような働きをする）

pōmaika'i　幸運

me　～と共に

maika'i　よい、元気な

98

Kamaʻilio 会話のポイント

❶ (~へ)誕生日おめでとう!

Hauʻoli lā hānau (iā ~)!

hauʻoli lā hānauは英語の「ハッピーバースデー」に当たります。「あなたに・あなたへ」という言葉を添える場合は目的語の印であるi/iāを使いiā ʻoeとします。

hauʻoliの代わりにalohaを使って「Aloha lā hānau iā ʻoe!」という言い方もあります。

❷ 私は~を願っています

Manaʻolana au, +[願っていること]

お祝いの言葉と共によく使われるのがmanaʻolanaです。

manaʻolanaは「願う」という意味があり、「manaʻolana＋主語＋願っていること」という形で表します。願っていることが「pili mau（述語）＋nā pōmaikaʻi（主語）」のように「述語＋主語」という語順で続くのであれば「Manaʻolana au」の後に少し間を置く、あるいは書き言葉の場合はコンマをつけて一度区切るとわかりやすいです。

また、願っていることがkou hauʻoli「あなたの幸せ」のように名詞句であれば目的語の印iを使って「Manaʻolana＋主語＋i＋名詞句」「~を願っている」という形で表します。

99

■ ～おめでとう(ハッピー～)

Hauʻoli **makahiki hou**.

Hauʻoli **lā aloha**.

Hauʻoli **lā piha makahiki ʻekolu**.

■ 私は～を願っています。

Manaʻolana au, **maikaʻi kou ola kino**.

Manaʻolana au, **holomua ʻoe**.

Manaʻolana au **i kou hauʻoli**.

Hua ʻōlelo
単語

makahiki hou　新年	ola kino　健康
lā aloha　バレンタインデー	holomua　成功する
lā piha makahiki　～周年記念日	

別のお祝いのフレーズを言ってみましょう。

もうひとこと
🔊 107

hoʻomaikaʻi　おめでとう

▶ Hoʻomaikaʻi iā ʻoukou.　みなさんおめでとう。

練習問題

1）お誕生日おめでとう、マーヘアラニ！

ヒント 名前の呼びかけ e ＋名前

2）私はあなたたち（3人以上）の健康を祈っています。

ヒント あなたたち（3人以上の）の ko ʻoukou　健康 ola kino maikaʻi

3）私はあなたが幸せで満たされることを祈っています。

ヒント 満たされる piha　幸せで i ka hauʻoli

4）メリークリスマスそして明けましておめでとう。

ヒント メリークリスマス Mele Kalikimaka　そして a

5）私はクリスマスの夜が平穏であることを祈っています。

ヒント クリスマスの夜 pō Kalikimaka　平穏である maluhia

（解答）

1) Hauʻoli lā hānau iā ʻoe, ē Māhealani !

2) Manaʻolana au i ko ʻoukou ola kino maikaʻi.

3) Manaʻolana au, piha ʻoe i ka hauʻoli.

4) Mele Kalikimaka a hauʻoli makahiki hou.

5) Manaʻolana au, maluhia ka pō Kalikimaka.

応用編

19 'Ā 'o ia !

できるようになること：SNSに投稿・コメントする
ハワイ語のしくみ：簡単なSNS用語や省略語、評価する

Hua ʻōlelo　単語　🔊108

SNS用語

　pūnaewele　インターネット

　kūlelepaho　ソーシャルメディア(SNS)

　hoʻokaʻaʻike　問い合わせ先

　loulou　リンク

　Pukealo　フェイスブック

　Zui/Zumalani/Zumi　ズーム

　kelekiko　テキストメッセージ

　wikiō　動画

　kaʻana like　シェアする

SNSでよく使うひとことフレーズ

　'Ā ʻo ia　その通り、もちろん

　Hūi　やぁ

　Uihā　やったぁ、イェーイ

　Hulō　やったぁ、万歳

　HKʻA / Hū kaʻaka　「笑いが込み上げる」の省略語。(笑)のようなもの

　Tsā　なんてことだ！まったく！

　Auē　おお、ああ、おや [感嘆表現]

　Hiki nō !　もちろん！オッケー！

❶ 会う約束のメッセージを書く

🌺 Aloha, ē Ipolani. E hele ana ʻoe i ka ʻaha mele i ka ʻapōpō ?

🌸 ʻAe. A ʻo ʻoe ?

🌺 E hele ana nō au. E hele pū kāua. E kiʻi au iā ʻoe i ka hola ʻehā. Hiki ?

🌸 Hiki nō ! Mahalo.

🌺 ʻĀ ʻo ia. A hui hou i ka ʻapōpō.

🌺 アロハ、イポラニ。明日、コンサートに行く？
🌸 うん。あなたは？
🌺 私も行くよ。一緒に行こう。4時に迎えに行くね。オーケー？
🌸 オーケー！　ありがとう。
🌺 もちろん。また明日。

単語＆つくーい

ʻaha mele　コンサート　　　　ki'i　迎えに行く

❷ イベントのお知らせの投稿

🌺 Aloha mai kākou !

E mālama ʻia ana ka hōʻike hoʻoulu kālā no koʻu hālau hula i ka lā 2 o Malaki i ka hola 5 o ke ahiahi ma Pua Melia Consert Hall.

Inā makemake ʻoe i likiki, e ʻoluʻolu e hoʻomaopopo mai ma o ka Pukealo. Mahalo nui no ke kākoʻo ʻana mai !

🌺 Makemake au i ʻelua likiki, ke ʻoluʻolu.

🌺 アロハ皆さん！
私のフラ教室のファンドレイジングのショーが3月2日の夕方5時にプア・メリアコンサートホールで開催されます。

もしチケットを希望でしたらフェイスブックを通してお知らせください。サポート
をありがとうございます！
❀ チケットを2枚お願いします。

単語&フレーズ

mālama	開催する	likiki	チケット
hōʻike hoʻoulu kālā	ファンド	hoʻomaopopo	知らせる
	レイジングのショー	ma o ～	～を通して
hālau hula	フラ教室	kākoʻo	サポートする
inā	もし		

❸ 動画をアップする

❀ ʻAuhea ʻoukou, ē nā hoa ! Eia aʻe nō ka pukana ʻelima o
ka wikiō mele Hawaiʻi.
E nanea pū kākou !

❀ Uihā ! Mahalo no ke kaʻana like ʻana mai i kēia wikiō !

⋯⋯⋯⋯⋯⋯⋯⋯⋯⋯⋯⋯⋯⋯⋯⋯⋯⋯⋯⋯⋯⋯⋯⋯⋯⋯⋯⋯⋯⋯⋯⋯

❀ 友よ、聞いてください！　5つめのハワイアンソング動画です。
皆で楽しみましょう！
❀ やったぁ！　このビデオをシェアしてくれてありがとう！

単語&フレーズ

ʻAuhea	聞いてください、注目	pukana	出すこと［～話や～号
	してください		などという時に使う］
Eia aʻe	ここに～がある		

❹ 久しぶりに友達にメッセージを書く

❀ Hūi! Pehea mai nei ʻoe ?
❀ Maikaʻi au. Pehea ʻoe me kou ʻohana ?
❀ Maikaʻi nō mākou. E ʻoluʻolu e aloha aku i kou ʻohana.
❀ ʻAe. Mahalo, ē tita.

⋯⋯⋯⋯⋯⋯⋯⋯⋯⋯⋯⋯⋯⋯⋯⋯⋯⋯⋯⋯⋯⋯⋯⋯⋯⋯⋯⋯⋯⋯⋯⋯

❀ やぁ！　元気にしていた？
❀ 元気だよ。あなたと家族は？
❀ 私たちも元気だよ。家族によろしくね。
❀ うん。ありがとう、シスター。

Pehea mai nei ʻoe?　元気でしたか？[Pehea mai neiはしばらく話したり会っていない相手に対して使う]

tita　シスター[英語のsisterにあたり、友人への呼びかけとして使われる。男性の場合はbrotherにあたるpalalaを使うことがある]

❺ うれしい出来事を投稿する

❀ Ua lanakila mākou ma ka hoʻokūkū hīmeni !

❀ Hulō! Hulō ! Hoʻomaikaʻi iā ʻoukou.

❀ 私たちはソングコンテストで優勝しました！

❀ やったぁ！　やったぁ！　おめでとう。

lanakila　優勝する

hoʻokūkū hīmeni　ソングコンテスト

❻ 文句を投稿する

❀ Auē ! Ua kū au ma ka laina, akā, ua pau ʻē kaʻu haukalima punahele i ka lilo ! E nuha ana au i kēia lā holoʻokoʻa.

❀ He hōʻailona paha ia, ʻaʻole pono e ʻai, o momona auaneʻi ? HKʻA

❀ ああ！　列に並んだのに私のお気に入りのアイスクリームが既に売り切れていた！今日は一日中すねるわ。

❀ 太るから食べるなっていうことじゃないの？ 笑

kū ma ka laina　列に並ぶ

pau i ka lilo　（すべて）なくなる

ʻē　既に

haukalima　アイスクリーム

punahele　お気に入りの

nuha　すねる

lā holoʻokoʻa　一日中

hōʻailona　印、お告げ

paha　おそらく、たぶん

ʻaʻole pono e~　～すべきではない

o　さもないと

momona　太った

auaneʻi　おそらく、たぶん

20 Aloha mai kāua, ē Keoni.

できるようになること：メールを書く
ハワイ語のしくみ：件名、書き出し、結びの言葉

 Hua ʻōlelo 単語 🔊109

メールの件名

He （wahi） leka　お便り

He （wahi） hoʻomaopopo　お知らせ

He （wahi） nīnau　質問

He （wahi） noi　依頼

He nūhou maikaʻi　よい知らせ

No ko kāua hui ʻana　会う約束について

＊wahiは「ある〜、ちょっとした〜」という意味。

メールの書き出し

Aloha （mai kāua）, ē〜　〜様（へ）

結びの言葉

Me ke aloha　愛を込めて

Ke aloha nō　愛を込めて

Me ka mahalo　感謝を込めて

ʻO wau nō me ka haʻahaʻa　敬具

ʻO wau nō me ka mahalo　敬白

Naʻu nō　私より

I 近況を伝えるメール

He wahi leka
Aloha mai kāua, ē Kekoa,
Pehea mai nei ʻoe me kou ʻohana ? Manaʻolana au, maikaʻi
ʻoukou a pau.
Maikaʻi nō hoʻi mākou. Akā, paʻahana au i ka hana.
He aha ka mea hou ma kou ʻaoʻao ? Ke loaʻa ka manawa
kaʻawale, e ʻoluʻolu e hoʻomaopopo mai i kāu mau hana i
kēia mau lā.
E mālama pono i kou ola kino.

Me ke aloha,
Kawena

お便り
ケコアへ
あなたとご家族は元気にしていますか？　皆様が元気であることを願っています。
私たちも元気にしています。でも、私は仕事で忙しいです。
あなたの近況はどうですか？　時間ができたら、あなたが最近何をしているか教えてくだ
さい。
お体にお気をつけて。

愛を込めて
カヴェナ

単語＆フレーズ

a pau	すべての	loaʻa	得る
akā	でも、しかし	manawa kaʻawale	空いた時間
mea hou	近況、ニュース	hoʻomaopopo	知らせる
kou ʻaoʻao	あなた側	kāu mau hana	あなたがする
ke〜	〜したら		こと

kēia mau lā　最近　　　　pono　きちんと

mālama　気をつける

❷ お知らせのメールをする

He wahi hoʻomaopopo
Aloha kākou,
Eia nō au ke hoʻomaopopo aku nei iā ʻoukou, ua
hoʻopaneʻe ʻia kā kākou hālāwai.
Aia nō a paʻa ka lā a me ka hola hou, e leka uila au iā
ʻoukou.

Ke aloha nō,
Kekai

....

お知らせ
皆様
会議が延期になったことをお知らせいたします。
新しい日時が確定しましたらメールいたします。

愛を込めて
ケカイ

単語&フレーズ

eia［代名詞主語］＋ke～nei　　paʻa　確定する
　（ここで）［代名詞主語］は～　　lā　日
　します　　　　　　　　　　　　a me　～と～
hoʻopaneʻe　延期する　　　　hola　時間
ʻia　［受身］～される　　　　hou　新しい
hālāwai　会議　　　　　　　leka uila　メールする
aia (nō) a～　　～したら（すぐに）

❸ 質問のメールをする

He wahi nīnau
Aloha mai kāua, e Kumu Kaleikoa,
He wahi nīnau kaʻu iā ʻoe. Maopopo paha iā ʻoe ke ʻano o ka mea kanu ma kēia kiʻi ?

Me ka mahalo,
Hiʻilani

質問
カレイコア先生へ
質問があります。この写真にある植物の種類はわかりますか？

感謝を込めて
ヒイラニ

単語＆フレーズ

maopopo＋A（もの、こと
がら）＋i/iā＋B（人）　B
（人）にA（もの、ことがら）
がわかる［主語が代名詞の場
合はmaopopo＋iā＋人＋A
（もの、ことがら）という語順
になる］

paha　たぶん、おそらく
ʻano　種類
mea kanu　植物

❹ 依頼のメールをする

He wahi noi
Aloha kāua, ē Mika Kīhei,
Eia nō au ke noi haʻahaʻa nei iā ʻoe e hoʻouna mai i ka ʻike
pili no kāu haʻi ʻōlelo e mālama ʻia ana i kēia Pōʻaono.
He mea kōkua nō inā hoʻouna mai ʻoe ma mua o ka
Pōʻahā.

Me ka mahalo,
Kuʻuleinani

ご依頼
ミスター　キーヘイ様
この土曜日に予定されているスピーチの資料をお送りいただけますでしょうか？
木曜日までにお送りいただけますと幸いです（助かります）。

感謝を込めて
クウレイナニ

単語＆フレーズ

Mika　ミスター

noi haʻahaʻa e～　～してくれ
　　るように依頼する（丁寧な依
　　頼表現）

hoʻouna　送る

ʻike pili　資料

no　～に関する

haʻi ʻōlelo　スピーチ

e～ana　～される予定の

mālama　開催する

he mea kōkua　助かること
　　（「～してくれると助かりま
　　す」という時などに使う）

ma mua o～　～の前に（～ま
　　でに）

❺ よい知らせをメールする

He nūhou maikaʻi
Aloha mai kāua, ē Lilinoe,
Ua hānau ʻia mai kuʻu kaikamahine hiapo i ka lā 6 o
Pepeluali. ʻO Hina kona inoa.
Pākuʻi au i kona kiʻi. E hele mai e ʻike iā ia !

ʻO wau nō me ka haʻahaʻa,
Kanani

よいお知らせ
リリノエ様
長女が2月6日に誕生しました。彼女の名前はヒナです。
彼女の写真を添付します。彼女に会いにきてくださいね！

敬具
カナニ

hānau ʻia 生まれる	hiapo 最初に生まれた
kuʻu 私の（愛情を込めて）	Pepeluali 2月
kaikamahine 娘	pākuʻi 添付する

❻ 会う約束についてメールする

No ko kāua hui pū ʻana
Aloha mai kāua, ē Keoni,
E hele ana au i Kauaʻi mai ka lā 15 o ʻOkakopa a ka lā 22.
Inā he manawa kaʻawale kou, makemake au e hui pū me ʻoe.
Maikaʻi nō ka lā 18 a i ʻole ka lā 20 noʻu. Pehea kou papa manawa ?

Naʻu nō,
Kealohi

....

会う約束について
ケオニへ
私は10月15日から22日までカウアイに行きます。
もし時間があったら会いたいです。
私は18日か20日がいいです。あなたのスケジュールはどうですか？

ケアロヒより

単語&フレーズ

mai A a B　　AからBまで
ʻOkakopa　10月
he manawa kaʻawale kou
　　　あなたは空いた時間を持って
　　　いる

hui pū me~　　~に会う
a i ʻole　あるいは、もしくは
noʻu　私にとって
papa manawa　スケジュール

読解編

　読解編として、ユニット 21 ではリーディングを 3 つ用意しました。まとまった量のハワイ語の文章を読んでみましょう。1 つ目はネット広告、2 つ目と3 つ目は新聞記事です。

　ユニット 22 では、実際に web で公開されている動画をもとに、リーディングのテキストを書き起こしています。

　それぞれハワイ語の後に日本語訳、文法・語彙リストが続きます。力試しでハワイ語から読んでもいいでしょう。あるいは日本語訳を一読してから、ハワイ語を読んでみることもできます。着実に一歩ずつ進めたい場合は、文法・語彙リストを手がかりに読んでみてください。

21 E heluhelu kākou i ka palapala ʻōlelo Hawaiʻi !

できるようになること：ネット記事を読む

Palapala heluhelu　リーディング ①

　インターネットに掲載された広告文を読んでみましょう。何についての広告でしょうか？

Hoʻolaha limahana

Me ʻoe ka hiʻona ʻolu o kuʻu puʻuwai. Aloha ʻoe ē Kanilehua. Aloha mai kākou ē nā haumāna ʻōlelo Hawaiʻi. Na ke kumu Kealoha i hoʻomaka aʻe i ka papahana i kapa ʻia ʻo Ka Nūpepa Project. Ke lilo nā haumāna i limahana no Ka Nūpepa Project, hele lākou i ka hale waihona puke o ka mokuʻāina ʻo Oʻahu, a ma laila nō e ʻimi ai i nā palapala kahiko. No laila, ke paipai nui ʻia nei ka poʻe nona ka ʻike ʻōlelo Hawaiʻi e kākoʻo i kēia papahana.

Inā ʻaʻohe mea koe ma kūʻono, e ʻoluʻolu e hāʻawi kahiau mai i ko ʻoukou puʻuwai aloha no ke kākoʻo ʻana i kēia papahana. He manaʻo e komo i ka papahana, e leka uila aku iā Kumu Kealoha ma kealoha@hawaii.xxx.

Eia hoʻi ka paena pūnaewele no Ka Nūpepa Project, http://www.xxxxxx.com/

お手伝い募集

あなたと共に私の穏やかな心はあります。アロハ・オエ、カニレフア。アロハ、ハワイ語学習者の皆さん。クム・ケアロハがカ・ヌーペパ・プロジェクトというプログラムを始めました。皆さんがカ・ヌーペパ・プロジェクトの協力者になった場合、オアフ島の図書館に行き、そこで古い文書を探してもらうことになります。ですので、ハワイ語の知識がある人は、このプログラムを支援することが奨励されています。

寛大な心があれば、このプログラムを支援したいというあなたたちの気持ちを示してください。プログラムに入りたい場合は、kealoha@hawaii.xxx でケアロハ先生に電子メールを送ってください。

カ・ヌーペパ・プロジェクトのウェブサイト　http://www.xxxxxx.com/

 文法・語彙リスト

ho'olaha　広告

limahana　働き手

Me 'oe ka hi'ona 'olu o ku'u pu'uwai　一種の定型表現で、「あなたと共に私の穏やかな心はあります」という意味（me「と」、hi'ona「印象」、'olu「穏やか」、ku'u「私の」、pu'uwai「心」）。ここでいう「あなた」が誰かについては次の項目を参照。

Aloha 'oe ē Kanilehua　カニレフアに呼びかけています。この広告はカニレフアという名称の媒体（ウェブサイト）に投稿・掲載されたもの（という設定）です。ハワイ語のコミュニケーションでは、このように、投稿主が媒体に呼びかけるという行為が見られます。投稿主は、上述の定型表現とともに、媒体への敬意を表現し、続いて広告の受け手（ハワイ語学習者）に呼びかけています。

na ke kumu Kealoha i 動詞　～したのはケアロハ先生

ho'omaka　始める

papahana i kapa 'ia 'o 名前　～と呼ばれたプログラム（papahana「プログラム」、kapa「呼ぶ」）

ke lilo A i B　A が B になると（ke「～すると」、lilo「なる」）

hale waihona puke　図書館（hale「家」、waihona「保管場所」、puke「本」）

moku'āina 'o O'ahu　オアフ島

a　そして

ma laila　そこで

e 'imi ai i 名詞句　（そこで）～を探すために

palapala　文書

kahiko　古い

no laila　だから

paipai nui 'ia　大いに励まされる（paipai「励ます」）

ka po‘e nona ka ‘ike ‘ōlelo Hawai‘i　ハ
　　ワイ語の知識がある人（po‘e「人々」、
　　nona「彼・彼女のもの」、‘ike「知識」）
kāko‘o　支援する
Inā ‘a‘ohe mea koe ma kū‘ono　もし寛
　　大な心があれば（‘a‘ohe mea koe ma
　　kū‘ono は寛大な人を表すことわざ）

he mana‘o e komo i ka papahana　プロ
　　グラムに入るという考え（mana‘o「考
　　え」、komo「入る」）
leka uila　電子メール（leka「手紙」、
　　uila「電気」）

 ## Palapala heluhelu　リーディング ②

　実際の新聞記事を読んでみましょう。記事の見出し、本文、執筆者の署名という
構成になっています。

He Rula no ke Aloha ‘Āina.

　Iā ‘oe e lohe ai i ka ho‘okani ‘ia mai o ka Leo Mele Lāhui
“Hawai‘i Pono‘ī,” e wehe a‘e i kou pāpale ē ke kāne Hawai‘i.
He hō‘ailona ia o kou aloha i kou ‘āina hānau, kou Lāhui a
me kou Mō‘ī.

　E a‘o aku i nā keiki a kākou e hana pēlā.

HAWAI‘I PONO‘Ī.

大地を愛する人へのルール

あなたが国歌「ハヴァイッイ・ポノッイー」が演奏されるのを聞く時は、ハワイ
人の男よ、あなたの帽子をとりなさい。それは、生まれ故郷、国、そして王に対
するあなたの敬愛の印です。
私たちの子どもたちにもそうするように教えましょう。

ハヴァイッイ・ポノッイー

he 名詞　he は不定冠詞の一種

rula　決まり（英語の rule より）

no ～　～のための

aloha ‘āina　大地へのアロハ（大地を愛する気持ち）、ここでは人

iā ‘oe e 動詞 ai　あなたが～する時

ho‘okani　演奏する

動詞 ‘ia　～される（受け身）

ka 動詞 ‘ia (‘ana)　～される（こと）

ka 動詞 ‘ia (‘ana) o 名詞句　[名詞句] が～される（こと）

wehe (a‘e)　開く（ここでは帽子をとる）

kāne Hawai‘i　ハワイ人の男

He 名詞 ia　それは～

kou aloha i 名詞句　～に対するあなたのアロハ

A, B a me C　A、B と C

‘āina hānau　生まれ故郷

Lāhui　国（最初が大文字なのでハワイ王国）

Mō‘ī　王（最初が大文字なのでハワイ王国の国王）

a‘o (aku) i 人 e 動詞　[人] に～することを教える

nā keiki a kākou　私たち（3 人以上、読者を含む）の子どもたち

hana pēlā　そうすること（ここでは帽子をとること）

HAWAI‘I PONO‘Ī　記事の執筆者による署名（直訳は「ハワイ自身」で、ハワイの国民を指します。HAWAI‘I PONO‘Ī といえば同名の曲がよく知られています。）

リーディング②はハワイ語新聞の記事が元になっています。このユニットではオキナとカハコーの記号を追加して掲載しました。元の記事は、1893 年 11 月 10 日に Ka Leo O Ka Lahui 紙に掲載（2 ページ目、1 列目）されたものです。デジタル化されたさまざまな記事を Ho‘olaupa‘i プロジェクトのウェブサイト（http://www.nupepa.org）で読むことができます。

 Palapala heluhelu　リーディング ③

もう 1 つ新聞記事を読んでみましょう。見出し、本文と並んでいて、執筆者の署名はありません。

Nā ‘Ōpio o ka ‘Āina

He nui ka po‘e ‘ōpiopio o ka ‘āina e ulu a‘e nei i kēia manawa, nā kāne a me nā wāhine. Ua a‘o ‘ia kēia po‘e me nā ‘ike o ke ao nei, ma nā hale kula. Ua piha lākou i ka ‘ike o kanaka;

ua hiki iā lākou ke wehewehe mai i ke ʻano o nā mea o kēia poepoe honua, a me nā mea o ka lewa, a pēlā aku. Ua maikaʻi kēia mea he ʻike. He kahua ia e loaʻa aku ai ka pono a me ka pōmaikaʻi ma hope aku. Akā, pehea lā nā keiki i hoʻonaʻauao ʻia e hoʻohana nei i ko lākou ʻike? Aia i loko o nā lā e hemo mai ai nā haumāna mai ke kula, e hiki ai ke hoʻopōmaikaʻi ʻia ka lāhui, ka ʻohana, a me nā mākua, ke hoʻopono hoʻi ka hana a me ka noho ʻana o ka ʻōpio i haʻalele i ke aʻo ʻana. ʻO ka hoʻohana maikaʻi ʻana o ke keiki i kona ʻike, ʻo ia kona hōʻike ʻana i kona naʻauao, a pēlā hoʻi e pōmaikaʻi ai ka ʻāina hānau.

大地の若者たち

今、大地の若者たちが、男性も女性も増えています。この人たちは学校で世界に関する知識を教育されました。彼らはカナカの知識で満たされました。彼らはこの地球にある事物、空の事物などの状態について説明することができるようになりました。この知識というものはとてもよいものです。それは後々、(ハワイが)豊かに実るための基盤なのです。しかし、教育を受けた子どもたちはどのように自分たちの知識を活かしているのでしょうか。生徒たちが学校から離れる頃には、国、家族、そして親たちは恩恵を受け、学ぶことから離れた若者たちの行動や生活は改善されることでしょう。子どもが自分の知識をうまく使うこと、それは自分が身につけた教養を示すことであり、そうすることで、生まれ故郷が豊かになるのです。

 文法・語彙リスト

ʻōpio　若い、若者
he nui 主語　〜がたくさん
poʻe　人々
名詞 e ulu aʻe nei　増えている〜(ulu「増える」)
i kēia manawa　今(i は時の前置詞、kēia「これ」、manawa「時」)

kāne　男
wāhine　女
aʻo　教える
ʻike　知識
ke ao nei　この世界(ke 冠詞、ao「世界」、nei 親しみを表現する「ここ」)

ma nā hale kula　学校で（ma 場所の前置詞、hale「家、建物」、kula「学校」）

piha　満たされた

i ka ʻike o kanaka　カナカの知識で（kanaka「人」、ここではハワイ先住民）

hiki iā lākou ke 動詞　彼らは〜できる（hiki 可能動詞）

wehewehe　説明する

ke ʻano o 名詞句　〜の状態（ʻano「状態」）

nā mea o 名詞句　〜の事物（mea「もの」）

kēia poepoe honua　この地球（poepoe honua「地球」）

lewa　空（honua「土地」と lewa「空」で対比）

a pēlā aku　など（名詞などに後置）

He kahua ia.　それは基盤(kahua「基盤」、ia「それ」）

名詞句1 e loaʻa aku ai 名詞句2　（それがあることで）[名詞句2] を獲得することができる [名詞句1]（loaʻa「獲得する」、ai 再叙代名詞）

ka pono a me ka pōmaikaʻi　正しさと豊かさ（pono「正しさ」、pōmaikaʻi「豊かさ」）

ma hope aku　後々（hope「後」、aku 方向詞）

pehea lā　どうやって（lā は強調）

nā keiki i 動詞 ʻia　〜された子どもたち

hoʻonaʻauao　教育する（hoʻo- 使役の接頭辞、naʻauao「教育された状態」）

名詞句1 e hoʻohana nei i 名詞句2　[名詞句2] を使っている [名詞句1]

ko lākou ʻike　彼らの知識（ko lākou「彼らの」、ko は k ありの o 所有形）

Aia i loko o nā lā e 動詞 ai　（いつか）〜する日がある

na lā e hemo mai ai nā haumāna mai ke kula　生徒たちが学校から離れる日（hemo「離れる」、mai「〜から」）

(na lā) e hiki ai ke 動詞　〜できる（日）

(e hiki ai) ke hoʻopōmaikaʻi ʻia ka lāhui, ka ʻohana, a me nā mākua　国、家族、そして親たちが恩恵を受ける（ことができる）

(e hiki ai) ke hoʻopono hoʻi ka hana a me ka noho ʻana o ka ʻōpio　若者の行動や生活を改善する（ことができる）

(ka ʻōpio) i haʻalele i ke aʻo ʻana　学校を去った（若者）（haʻalele「去る」、aʻo「教える・学ぶ」、ke aʻo ʻana「教える・学ぶこと」）

ka 動詞句 ʻana o 名詞句1 i 名詞句2　[名詞句1] が [名詞句2] を〜すること

hoʻohana maikaʻi　うまく使う

ʻo ia 〜　それは〜

kona hōʻike ʻana i kona naʻauao　自分が身につけた教養を見せること（kona「彼の」、hōʻike「〜を見せる」、i 目的語マーカー、naʻauao「教育された状態」）

a pēlā hoʻi　など（hoʻi は強調）

e pōmaikaʻi ai ka ʻāina hānau　（知識をうまく使うことで）生まれ故郷が豊かになる

元の記事（一部改定）は、1893年11月10日に Ka Leo O Ka Lahui 紙に掲載（2ページ目、1〜2列目）されたものです。

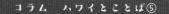

資源としての新聞とラジオ番組

　ハワイ語は実はかなりの量の言語文化資源を有し、それらは言語の再活性化に重要な役割を果たしてきました。

　その最たる資源が新聞とラジオです。ハワイ語で新聞はヌーペパ nūpepa、ラジオはレキオー lekiō と呼ばれます。それぞれ英語からの借用語ですが、ラジオには「声を飛ばす箱」という意味のパフ・ホッオレレ・レオ pahu hoʻolele leo という造語もあります。

　ハワイ語は口承文化の伝統を持ち、1778 年の西洋との接触後に文字で書き表されるようになりました。正書法が定められ、聖書の翻訳が行われた後、1834 年には新聞が発行され始めました。それから 1948 年までの 114 年間に、100 紙以上の新聞が発行され、総ページ数は 12.5 万ページ（A4 用紙に換算して 150 万枚）と推定されています。内容は国際・地域ニュース、コラム、詩や物語、読者投稿、船の発着、訃報、広告など多岐にわたり、紙面のレイアウトも現代のものとよく似ていました。

　現在では記事のデジタル化が進み、ネット上で公開されています。様々なハワイ語資料の集積場所となっている電子図書館ウルカウからリンクが張られているホッオラウパッイ・プロジェクトでは、キーワード、新聞紙名、発行日で検索できます（ちなみに Ulukau は「神秘的な力の獲得」、Hoʻolaupaʻi は「増加させる」を意味します）。ホッオラウパッイの後に登場したパパキロ Papakilo というデータベースでは、2020 年 12 月時点で検索可能な対象が 6.9 万ページ（記事数は約 41 万）であり、この数は現在も増え続けています。

　ハワイ語新聞は言語の再活性化に不可欠な資源であるとともに、注目すべき研究資料として近年関心を集めています。例えば、私（古川）が上記データベースを利用して行ったある調査では、1941 年の真珠湾攻撃がハワイ語新聞では、「真珠湾」でも Pearl Harbor でもなく、「多くの丘」という意味のプッウロア Puʻuloa という地名で報じられているなど、ハワイ語新聞ならではの発見がありました。

　一方、声のメディアであるラジオでは、1970 年代から年配の母語話者をゲストに招き、言語および文化に関する知識を記録しようとする試みが行われました。「ハワイの声」という意味のカ・レオ・ハワイ Ka Leo Hawaiʻi という番組が 1972 年から 1988 年までの第 1 期に 417 回（各 60 分程度）、1990 年から 2000 年までの第 2 期に 383 回放送されました。第 2 期の音声ファイルはハワイ大学マノア校のオープンアクセスリポジトリ eVols で公開されています。

第1期の音声ファイルはハワイ大学や博物館のアーカイブスで視聴できますが、ウェブ上ではこれまで公開されていませんでした。しかし、2019年3月に開催された危機言語の記録と保存に関する国際学会を機に、少なくとも一部についてはウェブ上での公開が開始されました。上述のウルカウからリンクが張られたウェブサイトの名称は「大地からの声」を意味するKani'āinaです。新世代の母語話者や第二言語使用者だけでなく、ハワイ語に関心を持つ者にとっても、年配の母語話者が話すハワイ語や母語話者同士の会話を文字起こしされた資料とともに聴くことのできる貴重なウェブサイトです。

　新聞やラジオは現在でも新たな記事や番組が作られています。例えば、ハワイ州の地方紙スター・アドバタイザー紙には毎週ハワイ語によるコラムが掲載され、先住民に関わる問題はもちろん、様々なトピックが論じられています。多様なトピックを扱うのは、ハワイ語は決して過去の遺物ではなく、今も現実の世界に生き続ける言語だという主張が込められているからです。ラジオは大学のラジオ局でハワイ語で運営するハワイアン音楽番組が存在します。

　ちなみに、ハワイ語ラジオ番組カ・レオ・ハワイのホスト（第1期）はラリー・キムラという人物でした。1970年代当時、まだ20代の若者だったキムラは、ハワイ語を駆使して、年配者たちと会話を展開しました。キムラほどハワイ語を使いこなせる若者は極めて珍しかったのです。また、ミュージシャンに歌詞を提供するなど多才で、現在ではハワイ大学ヒロ校の教員を務め、依然として再活性化の中心にいる人物です。

　ところで、キムラというのは日系の名前です。先住民語であるハワイ語の再活性化の中心人物が日系人でもあるというのは不思議に思われるかもしれません。しかし、ハワイは移民の歴史を持つ、多民族な社会であることの証左がここに垣間見えるのです。

ホッオラウパッイ・プロジェクト
　　　　　　http://nupepa.org/gsdl2.5/cgi-bin/nupepa?l=haw
eVols　　　https://evols.library.manoa.hawaii.edu
Kani'āina（大地からの声）　　　http://ulukau.org/kaniaina/?l=haw

先住民語と移民の言語

　ハワイ語と関係の深い言語、ピジン Pidgin をご存知でしょうか。まず私（古川）が遭遇したピジンの使用場面をいくつか紹介します。

　私はハワイ大学留学１年目に、ホノルル市内に住む沖縄系２世の老夫婦のお宅に下宿していました。ある晩、複数の家電を併用したために電気のブレーカーが落ちてしまいました。元大工だった Grandpa おじいさんが配電盤を見に行ったのですが、なかなか戻ってきません。そこで Grandma おばあさんが「キャン？」Can ? と呼びかけると、「ノー・キャン！」No can ! という返事が返ってきました。「停電を直せそう？」「（まだ）直せない！」という２人のやりとりは、英語のようですが英語ではありません。これがピジンか！と興奮したのを覚えています。ちなみに「できる？」「できない！」というやりとりは、ハワイ語だと「ヒキ？」Hiki ?、「ッアッ オレ・ヒキ」ʻAʻole hiki ! です。ピジンと同じ語順です。

　カウアイ島を訪れ、スーパーマーケットで店員用のトイレを借りた際は、トイレ脇の張り紙に、手書きで DONT SHUT THE LIGHT と書いてありました。動詞の選択が独特のこの表現はおそらく「電気を消すな」という意味だと推測できますが、英語の授業では習ったことのない表現です。ハワイ語には「（火や電気が）消えた（状態）」を意味するピオ pio という動詞があります。初期のピジンでは Pio the light のようにハワイ語と英語を組み合わせていました。その後、ハワイ語 pio の語感と合う shut に置き換わったのでしょう。

　またある時、ショッピングセンターにいたら、４、５歳くらいの子が店の床に寝そべった場面に遭遇しました。すると、父親（と思しき男性）が子どもに向かって叱るような口調で Dirty the floor ! と言ったのです。男性の発話を構成する語彙は英語ですが、語順は状態動詞あるいは形容詞（Dirty）＋主語（the floor）となっています。これはハワイ語の基本語順と同じです（冠詞 the の摩擦音が破裂音 d、名詞 floor の語末の子音 r が母音になっていたら、よりピジン的な発話です）。ちなみに、同じ語順で Cute da baby ! という発話を耳にしたこともあります。「この赤ちゃんかわいいね！」という意味です。

　ピジンの言語学上の名称はハワイ・クレオール Hawaiʻi Creole です。共通の母語を持たない話者間で用いられる、間に合わせのコミュニケーション手段がピジン pidgin、次世代の子どもたちが母語として用いるようになり、統語的により複雑な構造を持つようになるとクレオール creole と呼ばれます。こうした言語は世界各地に存在し、フランス語のようなヨーロッパの言語を基層言語とするピジン・クレ

オール諸語もあります。

　捕鯨の中継港であったハワイ諸島では、まずハワイ語のピジンが用いられ始めました。その後、サトウキビプランテーションの労働力として、世界各地から労働者が集められました。ハワイ語以外では、特に英語、ポルトガル語、広東語、日本語から強い影響を受けていて、19世紀から20世紀にかけてピジンからクレオールに変化したと考えられています。言語学上の分類は（母語話者がいるので）クレオールですが、ハワイでの通称はピジンです。一説にはハワイ州の人口の半数にあたる約60万人がピジンを話すといわれています。

　でもやはりしばらくハワイで暮らしてみないと、ピジンが話されている場面に居合わせることは難しいでしょう。移民の言語という側面をもつピジンは、ハワイで生まれ育ったことを象徴的に示す言語です。還元すれば、仲間内の結束を高め（それゆえ排他的な機能も持つ）コミュニケーション手段であり、よそ行きのことばではありません。

　ピジンは成立の背景上、移民の言葉、労働者の言葉というイメージが強く、不完全な言葉として虐げられてきた言語です。自分自身がピジンを話す弁護士出身の元ハワイ州知事でさえ、学校でピジンを使用する余地はない、と主張していたほどです。

　しかし、ピジンは移民の言語というイメージが強い一方で、（ハワイ語よりむしろ）ピジンが先住民性の拠り所であるという趣旨の発言をしているハワイ先住民もいます。40代以上の先住民系だと、子どもの頃にハワイ語の没入教育が始まっていなかったので、身の回りで話されていたわけでなく、思う通りに使えないハワイ語よりも、十分に自己表現ができるピジンを無視できないということだと考えられます。またピジンを用いるとハワイ風のキャラを瞬時に作り出せるので、ハワイスタイルのコメディには不可欠の要素でもあります。

　先住民系にとってピジンはハワイ語を危機に追いやった言語といえないこともありません。移民の子孫にとってピジンは今だに貧しさや無教養さのイメージと結びついています。その一方で、ピジンは先住民系にとっても、移民の子孫にとっても、アイデンティティの拠り所になっています。移民の言語ピジンと先住民語であるハワイ語は不可分に結びついていて、どちらにも目を配らないと、ハワイの言語、文化、社会を十全に理解することはできないかもしれません。

22 E nānā i ka wikiō

できるようになること：ウエブ動画を理解する

ハワイ語のしくみ：関係節、状況強調文（e~ai, i~ai）

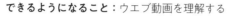

生のハワイ語を聴くことはハワイ語を身につけるための効果的な学習法の一つです。最近では、YouTubeなどの動画でハワイ語を聞くことができる機会も増えてきました。動画を観ながら生のハワイ語を楽しみましょう！

Youtube チャンネル：MANGoMILANo
現代社会におけるハワイ語の例として、オアフ島のホテルで文化大使を務めていたマナコーさんのYouTubeチャンネルを取り上げます。ここでは特に2つの動画を紹介します。字幕（英語）も参考にしてください。

 ① Hoʻoulu Kālā Lā Hānau　誕生日のファンドレイジング

(https://www.youtube.com/watch?v=fQqs52dBzxY)
誕生日に寄付を呼びかける動画です。何に対する寄付を呼び
かけているでしょうか？

Aloha kakahiaka kākou.

Mahalo nui iā ʻoukou pākahi a pau nā kānaka i hō mai i nā leo hoʻomaikaʻi i ka piha ʻana iaʻu he kanakolukūmākahi mau makahiki.

A i kēia lā, ke makemake nei wau e hāpai i kekahi manaʻo iā ʻoukou.

ʻO ia hoʻi, inā ua manaʻo ʻoe e hāʻawi i wahi makana iaʻu ma kēia lā hānau oʻu, e hoʻololi paha ʻoe i kou noʻonoʻo a e hō aku i kālā i ka ʻAha Pūnana Leo.

No nā kānaka i kamaʻāina ʻole, ʻo ka ʻAha Pūnana Leo, he
kula kamaliʻi kēia i aʻo ʻia ma ka ʻōlelo Hawaiʻi piha i mea e
mālama ai a e hoʻōla ai i ka ʻōlelo Hawaiʻi a puni Hawaiʻi nei.
Ua manaʻo wau i kēia makahiki, e hoʻāʻo i kēia hoʻoulu kālā
ma luna o ka Pukealo a ua hoʻohiki pū wau e ʻōlelo Hawaiʻi
wale nō ma lona o ke, kala mai, ma luna o ke kūlelepaho, a no
laila, ua makemake wau e hana i kēia wikiō me nā lepe ʻōlelo
i hiki iā ʻoukou ke hoʻomaopopo i kaʻu mau ʻōlelo.
No laila, mahalo hou iā ʻoukou pākahi a pau.
E hoʻokomo i wahi puʻu kālā ma loko o kēlā hoʻoulu kālā no
ka ʻAha Pūnana Leo, ai(a) nō ma koʻu ʻaoʻao Pukealo.
Ke aloha nui, a lana koʻu manaʻo i ka hui hou ʻana me ʻoukou
pākahi a pau i ka manawa koke.
Mahalo.

皆さんおはようございます。
私の31歳の誕生日にお祝いのメッセージを贈ってくださった皆さん、ありがとう
ございます。
今日は皆さんにある考えを提案したいと思っています。
それは、もしあなたがこの私の誕生日に何かプレゼントを考えてくれているのな
ら考えを変えて、ッアハ・プーナナ・レオに寄付してください。
[ッアハ・プーナナ・レオに] 馴染みのない方々のために、ッアハ・プーナナ・レ
オは私たちが愛するこのハワイ中でハワイ語を守り永続させるために全てをハワ
イ語で教えている幼稚園です。
私は今年フェイスブック上でこのファンドレイジングを試み、そしてソーシャル
メディア上では [点線部分は言い間違いをしてすみませんと言っている]、ハワイ
語だけを話すと誓いました、ですので皆さんが私の言葉がわかるようにこの動画
は字幕をつけて作りたいと思います。
改めて皆さんありがとうございます。
ッアハ・プーナナ・レオのためのファンドレイジングに寄付をお願いします、[寄
付金受付は] 私のフェイスブックページにあります。
それでは、また近日中に皆さんに会えることを願っています。
ありがとうございました。

Hoʻoulu Kālā　ファンドレイジング（資金調達）

Lā Hānau　誕生日

pākahi　それぞれ（Mahalo nui iā ʻoukou pākahi a pau は一人一人への感謝の気持ちを込めた表現）

a pau　全ての

kānaka　人々（kanaka の複数形）

hō　あげる、贈る

leo hoʻomaikaʻi　お祝いのメッセージ

piha ＋ i/iā ＋主語＋数字　主語は～歳になる

kanakolukūmākahi mau makahiki　31歳

kēia lā　今日

hāpai　上げる、持ち上げる（hāpai i ka manaʻo で「提案する」）

kekahi　ある、一つの

manaʻo　考え、提案

ʻo ia hoʻi　つまり、それは

manaʻo e ～　～と思う、考える

hāʻawi　あげる、寄付する

wahi　ある、いくつかの、少しの

makana　プレゼント

kēia lā hānau oʻu　この私の誕生日（oʻu は koʻu「私の」の k を取った形。名詞の後に続く所有形はこの k を取った形の所有形を使う）

hoʻololi　変える

noʻonoʻo　考え

ʻAha Pūnana Leo　ツアハ・プーナナ・レオ（ハワイ語教育を行なっている幼稚園）

kula kamaliʻi　幼稚園

i aʻo ʻia　教えられている（i は完了形の印、ʻia は受け身で「～される」という意味）

ma ka ʻōlelo Hawaiʻi piha　全てハワイ語で（ma は前置詞「～で」、piha「全て」）

i mea e ～ ai　～するために

mālama　守る

hoʻōla　永続する

a puni Hawaiʻi nei　私たちが愛するこのハワイ中で（a「～まで」、puni「～中で」、nei は愛情を込めて「この（愛する）」）

kēia makahiki　今年

hoʻāʻo　試みる

ma luna o ～　～の上で

hoʻohiki　誓う、約束する

pū　～も

wale nō　～だけ

kala mai　すみません

hana　作る

lepe ʻōlelo　字幕

hiki ＋ i/iā 主語＋ ke ～　［主語］は～できる

hoʻomaopopo　理解する

hoʻokomo　入れる

puʻu kālā　金額

ma loko o ～　～の中に

ʻaoʻao Pukealo　フェイスブックページ

Ke aloha nui　あいさつの言葉

lana koʻu manaʻo　（私は）願う（直訳すると「私の心は漂う」）

hui hou me ～　～と再び会う

manawa koke　近日（直訳は「近い時」）

② **Mahina ʻŌlelo Hawaiʻi**　ハワイ語月間

(https://www.youtube.com/watch?v=_PlB5O7FLOs&t=190s)
ハワイ語月間とは何でしょうか？何月に、どんなことをする
のでしょうか？

Aloha Mahina ʻŌlelo Hawaiʻi iā kākou pākahi a pau.
ʻO ka Pepeluali, ʻo ia hoʻi ka Mahina ʻŌlelo Hawaiʻi ma
Hawaiʻi nei.
ʻO ke kumu o kēlā, ʻo ka ʻōlelo Hawaiʻi, he ʻōlelo kūhelu kēlā
no ko kākou aupuni.
I ka wā o ke aupuni mōʻī, ʻaʻole ʻo nā kānaka ʻōiwi wale nō ka i
ʻōlelo Hawaiʻi, ʻo ke Kepanī, ka Pākē, ka Pilipino, nā lāhui like
ʻole, no ka mea, ʻo ia ka ʻōlelo o ka ʻāina.
A ke pio mai ka ʻōlelo Hawaiʻi ma Hawaiʻi, pio ma ka poepoe
honua holoʻokoʻa.
He kumu kēlā e minamina ai kākou i ka noʻonoʻo ʻana i ko
kākou ʻōlelo makuahine, ʻo ia hoʻi ka ʻōlelo i makuahine i ko
kākou ʻāina e noho nei.
A ma muli o ia mau manaʻo, ke manaʻo nei wau, kuleana
kākou kamaʻāina a pau i ka ʻōlelo.
A ke makemake nei wau e hāpai i kekahi mau manaʻo iā
ʻoukou e hoʻohanohano ai i ka ʻōlelo Hawaiʻi ma loko o ka
Mahina ʻŌlelo Hawaiʻi.
He kāuna mau manaʻo koʻu.
ʻO ia hoʻi, ʻo ke kāuna, a pili kēlā i ka helu Hawaiʻi kahiko.
Pili nō hoʻi ia i ka lawaiʻa.

I ka wā a ka lawaiʻa i loʻa(loaʻa) nui mai ai nā ʻano iʻa like ʻole, kēlā kou helu, ua helu lākou ma ke kāuna, ʻo ia hoʻi, ua komo nā hiʻu o nā i, o nā iʻa a pau ma loko o kēia mau kōwā.

No laila, ua like ke kāuna iʻa me ʻehā iʻa.

No laila, ke makemake nei wau e paipai iā ʻoukou e kāmau i ke kāuna.

ʻO ia hoʻi he kāuna mau manaʻo e kamaʻilio ai e pili ana i ka ʻōlelo Hawaiʻi.

ʻAkahi, ʻo ia hoʻi, inā malihini loa ʻoe i ka ʻōlelo Hawaiʻi, e aʻo paha ʻoe i kekahi mau mea liʻiliʻi wale nō.

He mau mele e pili ana i nā waihoʻoluʻu, ka helu ʻana paha, e like me a ʻulaʻula, melemele, ʻeā, ʻeā, kekahi mau mea pili i ka wā keiki.

ʻAlua, ʻo ia hoʻi kēia lua nei, a ke paʻa kēlā kahua liʻiliʻi, e hoʻāʻo ʻoe e hoʻokomo i ka ʻōlelo Hawaiʻi i loko o, o kāu hana.

A e laʻa me ka, ka ʻalemanaka.

Ke ʻoe kikokiko a i ʻole kākau i ka lā, kākau ma ka ʻōlelo Hawaiʻi ʻo Ianuali me Pepeluali ma kahi o ka mea ma ka ʻōlelo Pelekania a i ʻole hiki ke hoʻohana i nā lā o ka pule.

Inā hiki iā ʻoe ke helu, ʻekahi, ʻelua, ʻekolu, ʻehā, ʻelima, hiki nō iā ʻoe ke hoʻomaopopo i nā lā.

No ka mea, helu ʻia nā lā ma ke ʻano he pō, a laila, helu ʻia nā pō, e like me kēia, pō ʻekahi, ʻo ia hoʻi ka Pōʻakahi, a i ʻole pō ʻelua, ʻo ia hoʻi ka Pōʻalua, a hiki loa aku i ka Pōʻahiku.

A kapa mākou i kēlā he Lāpule, no ka mea, ua hoʻokaʻawale ʻia ia lā no ka pule ʻana i ka wā ma mua.

No laila, ʻakolu, ke paʻa kēlā mau mea, ke paipai aku nei wau iā ʻoukou e ʻaʻa i kekahi mea pili i ka ʻōlelo Hawaiʻi.

Malia, hiki iā ʻoe ke komo ma loko o kekahi papa hula, a i ʻole he papa kuku kapa, he papa ulana lauhala, a loʻa(loaʻa) mai kekahi mau ʻike e pili ana i nā ʻike Hawaiʻi a mai loko mai o laila mai e loaʻa mai ai ka ʻōlelo Hawaiʻi.

A he keu hoʻi i ke komo maoli ʻana ma loko o kekahi papa ʻōlelo Hawaiʻi.

ʻAhā, ʻo ia hoʻi ke kōwā nui o kēia kāuna e kāmau ai, ʻo ia hoʻi, e hoʻohoa aku i nā kānaka ʻōlelo Hawaiʻi, e hoʻoulu hoʻi i ko kākou kaiāulu ʻōlelo i hiki ai iā kākou ke launa like a hoʻomau aku.

Malia, inā he ʻōlelo Hawaiʻi kāu, hoʻohoa aku ʻoe i kekahi kanaka ʻōlelo Hawaiʻi ʻole a kōkua iā ia ma kona ala.

Inā ʻaʻohe ou ʻōlelo Hawaiʻi, ʻaʻole pilikia, hoʻohoa mai iā kākou, nā kānaka ʻano mākaukau, he haumāna wale nō wau i kēia manawa.

Akā, hiki iā kākou ke kākoʻo aku a kākoʻo mai.

A inā manaʻo ana ʻoe e aʻo i ka ʻōlelo Hawaiʻi, ke paipai aku nei wau iā ʻoe e huli aku i kēlā ʻike.

A ʻaʻole lawa ka nīnau wale ʻana iā kākou ka poʻe ʻano mākaukau.

E huli aku i papa nou, pono ʻoe e huli i kāu papa ponoʻī, a laila, komo, no ka mea, ʻo kēia ka wā, ʻo Pepeluali ka wā e hoʻohanohano ai i ko kākou ʻōlelo makuahine, ʻo ia hoʻi ka ʻōlelo makuahine o ka ʻāina a kākou e noho nei.

O pōmaikaʻi kākou i ia ʻāina, no laila, e mahalo aku kākou i ia ʻāina ma o ka hoʻopuka ʻana i ia mau ʻōlelo wehi, mau ʻōlelo nani, a i hauʻoli ai kākou a pau.

No laila, aloha Mahina ʻŌlelo Hawaiʻi.

'O ia ihola kekahi mau mana'o.

Mai poina, e kāmau i ke kāuna, 'o ia ho'i, e a'o li'ili'i, a laila, e ho'okomo i ka 'ōlelo Hawai'i ma loko o kou ola, e komo nō ma loko o kekahi papahana pili i ka 'ōlelo, a laila, e ho'ohoa aku i nā kānaka 'ōlelo Hawai'i i hiki ai iā kākou ke ho'onui i ko kākou kaiāulu 'ōlelo Hawai'i.

Mahalo.

Aloha Mahina 'Ōlelo Hawai'i iā kākou pākahi a pau.

アロハ、私たちのハワイ語月間。

2月はこのハワイでのハワイ語月間です。

なぜならば、ハワイ語は私たちの国の公用語だからです。

ハワイ王国時代、ハワイ語を話していたのはネイティブハワイアンだけではありませんでした、日本人、中国人、フィリピン人、様々な人々がハワイ語を話していました、なぜなら、それがこの土地の言語だからです。

そしてハワイでハワイ語が消えてしまえば、地球全体でも消えてしまいます。

それが私たちの母語、つまり私たちが住んでいる土地の母語を私たちが重んじている理由です。

そしてそれらの考えから、私は私たちハワイの住人全員がハワイ語に責任があると思っています。

私はハワイ語月間中にハワイ語を讃えるためのある考えを皆さんに提案したいと思っています。

私には4つの考えがあります。

つまり、カーウナ（数字の4）は古代のハワイの数の数え方に関係しています。

それは釣りにも関係しています。

漁師が様々な種類の魚をたくさん釣った時、彼らはカーウナで数えました、全ての魚の尾がこれらのスペースに入ったのです（ここではカメラに手のひらを向け、指の間のスペースを指し示している）。

ですので、カーウナの魚は4尾の魚ということになります。

従って私は皆さんにある4つのことを続けることをおすすめしたいと思っています。

つまり、ハワイ語について話すための4つの提案です。

まず第一、もしあなたがハワイ語に全く馴染みがないのであれば、ほんのわずかなことを学ぶのでも構いません。

色に関する歌や数え歌など、例えば赤色、黄色、ラララ〜♪（歌いながら）のように子どもの頃のものに関係することでもいいのです。

第二、つまりこの穴です（2番目の指の間を指して）この小さな基盤ができたら、ハワイ語を生活の中に取り入れてみてください。

例えば、カレンダーです。

日にちをタイプしたり書いたりする時は、英語ではなくイアヌアリ（1月）、ペペルアリ（2月）のようにハワイ語で書いてみましょう、あるいは週の曜日を使うこともできます。

もしあなたがッエカヒ、ツエルア、ッエコル、ツエハー、ツエリマのように数えることができるのであれば、曜日も理解することができるでしょう。

なぜなら、曜日は夜で数えるからです、例えば、1番目の夜はポーッアカヒ（月曜日）、2番目の夜はポーッアルア（火曜日）というように7番目の夜まで数えます。

しかし、私たちはそれ（7番目の夜）をラープレと呼びます、なぜなら昔はその日はお祈りの日として区別されていたからです。

では第三、それらのことができてきたら私はあなたたちにハワイ語に関する何かに挑戦することをおすすめします。

例えばフラのクラスに参加することもできるのではないでしょうか、あるいはカパ作りのクラス、ラウハラ編みクラスなど、そうするとハワイに関する知識を得ることができてまたそこからハワイ語も学ぶことができるでしょう。

本当のハワイ語クラスに参加することさえできるかもしれません。

第四、続けるべき4つのことの4番目のこの大きなスペースです、ハワイ語話者と友達になりましょう、そして私たちが知り合い、共に続けていくことができるように私たちのハワイ語コミュニティーを広げていきましょう。

もしあなたがハワイ語を話すのなら、ハワイ語を話さない人と友達になりその人のハワイ語学習を手伝ってあげましょう。

もしあなたがハワイ語を話さなくても問題ありません、多少なりともハワイ語の知識を身につけている私たちと友達になりましょう、私も今はまだただの学生なのです。

しかし、私たちはお互いに支え合うことができます。

そしてもしあなたがハワイ語を学ぼうと思っているのならば、私はまずその知識を探すことをおすすめします。

ハワイ語の知識を多少身につけている私たちに質問するだけでは十分ではありません。

あなたのためのクラスを探しましょう、自分自身のクラスを探す必要があります、そしてクラスに参加するのです、なぜなら今がその時期だからです、2月は私た

ちの母語、つまり私たちが住んでいる土地の言語を讃える月だからです。
私たちはこの土地に恵まれています、ですので、それらの美しい装飾のような言葉を発することで土地に感謝しましょう、そして私たち全員で幸せを感じましょう。
アロハ、私たちのハワイ語月間。
以上が私の考えです。
4つのことを続けることを忘れないでください、つまり、ほんのわずかなことでもよいから学び、生活の中にハワイ語を取り入れ、ハワイ語に関する活動に参加し、ハワイ語のコミュニティーを大きくするためにハワイ語話者と友達になるのです。
ありがとうございました。
アロハ、私たちのハワイ語月間。

 単語&フレーズ解説

Mahina ʻŌlelo Hawaiʻi　ハワイ語月間
Pepeluali　2月
kumu　理由、原因
ʻōlelo kūhelu　公用語
aupuni　政府、王国
aupuni mōʻī　王国
ʻōiwi　ネイティブ
ka i/kai ~　~した人
Pākē　中国人
Pilipino　フィリピン人
lāhui　国、人種、人々
like ʻole　様々な
no ka mea　なぜなら
ʻāina　土地
ke ~　~すると
pio　消える
holoʻokoʻa　全体
minamina　重んじる（特に失われる危機にあるものに対して）
ʻōlelo makuahine　母語
ma muli o ~　~のため
ia mau　それらの
kuleana　責任

kamaʻāina　その土地で生まれた人
hoʻohanohano　讃える
kāuna　4個のものの1組
pili ~　~に関係する
helu　数、数える
kahiko　昔の、古い
lawaiʻa　釣り、漁師
loaʻa　得る
nui　たくさんの
ʻano　種類
iʻa　魚
komo　入る
hiʻu　魚の尾
kōwā　スペース
like　似ている
ʻehā　4
paipai　奨励する
kāmau　~し続ける
kamaʻilio　話す
e pili ana i ~　~について
ʻakahi　第一に、最初の
malihini　馴染みがない
mea　もの、こと

li‘ili‘i　わずかな、小さい

mele　歌

waiho‘olu‘u　色

e like me ～　～のように

‘eā ‘eā　歓喜・陽気を表す発声として特
　　に歌に用いる

wā keiki　幼少期

‘alua　第二に、次に

lua　穴

pa‘a　固定される

kahua　基盤

kāu hana　あなたがすること、生活

e la‘a me ～　例えば～

‘alemanaka　カレンダー

kikokiko　キーボードで打つ、タイプ
　　する

Ianuali　1月

ma kahi o ～　～の代わりに

‘ōlelo Pelekania　英語

a i ‘ole　もしくは、あるいは

ho‘ohana　使う

pule　週、祈る

ma ke ‘ano he ～　～として

pō　夜

a laila　そして

Pō‘akahi　月曜日

Pō‘alua　火曜日

a hiki loa aku i ～　～まで

kapa　呼ぶ

Lāpule　日曜日

ho‘oka‘awale　区別する、分ける

no ～　～のために

wā ma mua　昔（直訳すると「前の時
　　代」）

‘akolu　第三に

‘a‘a　挑戦する

malia　おそらく、たぶん

komo　参加する

papa　クラス

kuku kapa　カパ布を叩く

ulana lauhala　ラウハラ編み

mai loko mai o ～　～の中から

laila　そこ

keu　さらに

ho‘i　前の語句を強調

maoli　本当に、実際に

‘ahā　第四に

ho‘ohoa　友達になる

ho‘oulu　広げる、育てる

kaiāulu　コミュニティー

launa like　知り合う、交際する

ho‘omau　続ける

‘ōlelo Hawai‘i ‘ole　ハワイ語を話さない

ala　道

‘a‘ohe　ない

‘a‘ole pilikia　問題ない

‘ano　少し

mākaukau　準備できている、（知識を）
　　身につけている

kēia manawa　今

kāko‘o aku a kāko‘o mai　互いに支え
　　合う

huli　探す

lawa　十分だ

nīnau　質問する

nou　あなたのための

pono‘ī　自身の

pōmaika‘i　恵まれている

ma o ～　～することによって

ho‘opuka　発する

wehi　装飾

nani　美しい

‘o ia ihola　以上

ola　生活、人生

papahana　活動

ho‘onui　大きくする

関係節や状況強調文で使われるe~aiとi~ai

ここで紹介する関係節は「[主語]が~する／~した[名詞]」のように「[主語]が~する／した」の部分が先行する名詞を説明しています。「~する」はe~ai、「~した」はi~aiとなります。ユニット12では、行為の完了（場合によっては過去）に関する文法事項を取り上げました。（ちなみに、e~aiとi~aiは「~するために」という目的を表す場合もあります。）

・動画の中で使われている関係節

He kumu kēlā **e minamina ai** kākou i ka noʻonoʻo ʻana i ko kākou ʻōlelo makuahine......

それが私たちの母語を私たちが重んじている理由です

A ke makemake nei wau e hāpai i kekahi mau manaʻo iā ʻoukou **e hoʻohanohano ai** i ka ʻōlelo Hawaiʻi......

私はハワイ語を讃えるためのある考えを皆さんに提案したいと思っています

I ka wā a ka lawaiʻa **i loʻa(loaʻa) nui mai ai** nā ʻano iʻa like ʻole......

漁師が様々な種類の魚をたくさん釣った時

ʻO ia hoʻi he kāuna mau manaʻo **e kamaʻilio ai** e pili ana i ka ʻōlelo Hawaiʻi.

つまり、ハワイ語について話すための4つの提案です

ʻAhā, ʻo ia hoʻi ke kōwā nui o kēia kāuna **e kāmau ai**......

第四、続けるべき4つのことの4番目のこの大きなスペースです

......e hoʻohoa aku i nā kānaka ʻōlelo Hawaiʻi **i hiki ai** iā kākou ke hoʻonui i ko kākou kaiāulu ʻōlelo Hawaiʻi.

ハワイ語のコミュニティーを大きくするためにハワイ語話者と友達になるのです

e~aiやi~aiは、時間、場所、状況等を強調する状況強調文としても使われます。関係節と同様にe~aiは現在、i~aiは完了(過去)を表します。

▶主語が普通名詞か固有名詞の場合

　　[時間・場所・状況]＋e動詞ai/i動詞ai＋主語.

▶主語が代名詞の場合

　　[時間・場所・状況]＋代名詞主語＋e動詞ai/i動詞ai.

・動画の中で使われている状況強調文

　　......a loʻa(loaʻa) mai kekahi mau ʻike e pili ana i nā ʻike Hawaiʻi a mai loko mai o laila **e loaʻa mai ai** ka ʻōlelo Hawaiʻi.

そうするとハワイに関する知識を得ることができてまたそこから

ハワイ語も学ぶことができるでしょう

ハワイ語月間とは

ハワイ州改正法により2012年から毎年2月は、ハワイ語を讃えてハワイ語の使用を奨励するMahina ʻŌlelo Hawaiʻi「ハワイ語月間」となりました。ハワイ語月間中は、ハワイ語を使った様々なイベントが開催され、ソーシャルメディア上でもハワイ語の単語やフレーズなどが紹介されます。ハワイ語月間は、ハワイ語を守り永続させていくための取り組みの一つです。

位置・方角

存在を表す表現は、aia を使います。

「トカゲが［位置］にいる」をハワイ語で表現すると以下のようになります。場所を表す前置詞として i の代わりに、ma を使うこともできます。

　　Aia ka moʻo i 位置 .

「トカゲが［時］に［位置］にいる（いた）」という場合は、位置を表す前置詞句の後に時を表す前置詞句を配置します。

　　Aia ka moʻo i 位置 i 時 .

　位置と時に関する表現の例を表にまとめます。日本語で「いる」と「いた」では時制の違いがありますが、ここでは「昨日」という前置詞句を用いるだけで、過去のことであると示すことができます。なお、位置を表す名詞 loko, mua, hope, luna の前には名詞の印 ka/ke がついていないことに注意してください。

場所		時	
i loko (o ka hale)	（家の）中	i nehinei	昨日
i mua (o ka hale)	（家の）前	i kēia pō	今晩
i hope (o ka hale)	（家の）後ろ	i kēia lā	今日
i luna (o ka hale)	（家の）上	i ka lā ʻapōpō	明日
i lalo (o ka hale)	（家の）下	i ke kakahiaka	朝
i ka ʻaoʻao hema	左側	i ke awakea	昼
i ka ʻaoʻao ʻākau	右側	i ke ahiahi	夜

 ハワイ語にしてみてください。

　1）トカゲが夜、（家の）上にいた。

　2）私たち 2 人は朝、（家の）前にいた。　　**ヒント** 私たち 2 人 māua

 1) Aia ka moʻo i luna o ka hale i ke ahiahi.

2) Aia māua i mua o ka hale i ke kakahiaka.

「ここに」いるという場合は、eia を用います。「トカゲがここ（家の中）にいる」は以下のようになります。

　　Eia ka moʻo i loko o ka hale.

ニュースキャスターが「ニュースです」というような場合も以下のようになります。

　　Eia ka nūhou.

「左側」や「右側」という表現も紹介しましたが、これらは方角を表す語彙でもあります。方角をまとめた図を見てください。「南」は「左」と同じ hema、「北」は「右」と同じ 'ākau です。

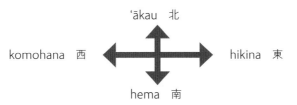

i ka 'ākau	北に、北へ	i ka 'ao'ao 'ākau	北側に、北側へ
i ka hema	南に、南へ	i ka 'ao'ao hema	南側に、南側へ
i ka hikina	東に、東へ	i ka 'ao'ao hikina	東側に、東側へ
i ke komohana	西に、西へ	i ka 'ao'ao komohana	西側に、西側へ

　位置を表す表現として、他に「山側」と「海側」があります。ハワイでは英語の日常語彙の中にも入っています。この場合、uka と kai の前に名詞の印 ka/ke がついていないことに注意してください。

ma uka（i uka）　　山側に
ma kai（i kai）　　海側に

「私たち 2 人は学校の山側にいる」という表現は以下のようになります。

Aia māua ma/i uka o ke kula.

 ハワイ語にしてみてください。
1）私たち 2 人は学校の海側にいる。
2）トカゲは通りの山側にいる。　　ヒント 通り alanui

 1) Aia māua ma/i kai o ke kula.
2) Aia ka mo'o ma/i uka o ke alanui.

　ちなみに、（ハワイ語から離れますが）オアフ島ではホノルル市を基点とした方向表現があり、東方面を Diamond Head side、西方面を 'Ewa side ということがあります。

体の部位／職業の語彙

体の部位　◀ 110

po‘o 頭　　　　　　　lauoho 髪　　　　　lae 額

maka 目、顔（顔は helehelena、alo も）　　ku‘emaka 眉毛

ihu 鼻　　　　　　　pāpālina 頬　　　　waha 口

pepeiao 耳　　　　　‘ā‘ī 首　　　　　　po‘ohiwi 肩

lima 腕、手　　　　　uluna 上腕

kū‘aulima （肘から下の）腕　　　　　　ku‘eku‘e 肘

umauma 胸　　　　　pu‘uwai 心・心臓

 poli 心・腕（詩的表現）　‘ōpū 腹　　　piko へそ

kua 背中　　　　　　pūhaka 腰（のくびれ）

kīkala 臀部（腰のくびれから下）　　　　　kuli 膝

‘ūhā もも　　　　　　wāwae 脚、足

manamana lima 指　　manamana wāwae 足の指

akeakamai　哲学者、科学者　　a'o hōkū　天文学者

'enekinia　エンジニア　　kaha ki'i　画家、アーティスト

kaha ki'i hale　建築家　　kahu ma'i　看護師

kamanā　大工　　kauka　医師

kia'i　警備員　　kinai ahi　消防士

kuene wahine　ウェイトレス（kuene ウエイター）

kuke　コック、料理人　　kumu　師匠、教師

lawai'a　漁師　　limahana　労働者、従業員、社員

loea kālai'āina　政治家　　mahi'ai　農家

māka'i　警察官　　mea ho'okani pila　ミュージシャン

haku mele　作詞者　　mea kākau　作家

pailaka　パイロット　　pa'i ki'i　写真家

paniolo　カウボーイ

wahine hana keaka　女優　　mea hana keaka　俳優

wahine mālama hale　主婦　　kāne mālama hale　主夫

さらなる学習のために

ウェブ上のリソース
インターネットには無料で利用できるリソースがあります。使用言語は英語がほとんどですが、オンライン辞書を使いこなすのはそれほど難しくありません。スマホからでも利用できて便利です。

Clinton Kanahele Collection
https://library.byuh.edu/library/archives/kanahele
年配のハワイ語母語話者のインタビュー録音を聴くことができます。文字起こし資料もあります。

Duolingo
https://en.duolingo.com/course/hw/en/Learn-Hawaiian
ハワイ語を含む様々な外国語の学習サイト。スマホで閲覧できます。

eVols
https://evols.library.manoa.hawaii.edu
ハワイ大学のリポジトリ。ハワイ語やその他さまざまなトピックに関する論文を無料でダウンロードできます。たとえば、Hawaiian Historical SocietyによるHawaiian Journal of History所収の論文（1967～2019年）が入手可能。

Hawaiian Dictionaries
http://wehewehe.org
ハワイ語・英語のオンライン辞書集。主要な紙の辞書のオンライン版。個別の辞書でも複数の辞書をまとめてでも検索可能。学習・研究用に大変重宝します。

Huapala
http://www.huapala.org
さまざまなハワイアン音楽の歌詞がまとめられたデータベース。

Ka Leo ʻŌiwi
https://oiwi.tv/kaleooiwi/
ʻŌiwi TV局で2012年から2013年まで放送された全13回のハワイ語番組（各20～30分）。13あるエピソードのうち、12までは使用単語などがまとめられたsupport sheetが学習に役立ちます。

Kaniʻāina
http://ulukau.org/kaniaina/?l=haw
ハワイ語母語話者が出演するラジオ番組を聴くことができます。文字起こし資料が用意されているものもあります。

Kauakukalahale

https://www.staradvertiser.com/category/editorial/kauakukalahale/

ハワイ州の大衆紙スター・アドバタイザーに掲載されているコラムです。毎週土曜日に掲載されます。あらゆる現代的なトピックについてハワイ語で書かれています。購読は有料。

KTUH

http://ktuh.org

ハワイ大学マノア校の大学ラジオ。アメリカ（特にハワイ）のキャンパスライフを垣間見る（聴く）ことができます。（日本とハワイ州の時差は19時間で、日本時間から19時間戻すとハワイ時間になります。たとえば、日本の正午がハワイの（前日の）午後5時。）

Kulāiwi

http://ksdl.ksbe.edu/hawaiian_resources/kulaiwi

遠隔授業として1990年代に放送されたハワイ語教育番組のオンライン版。時代を感じる映像ですが、ビデオ映像と文字起こしされた内容が利用でき、入門用として優れています。

Kumukahi

http://www.kumukahi.org

ページ上部にあるタブからvideosのタブを選ぶと、さまざまなトピックや先住民文化において重要とされる価値観が解説されているビデオ映像を観ることができます。

Niuolahiki Distance Learning

https://niuolahiki.ahapunanaleo.org

ハワイ語の遠隔講座です。

‘Ōiwi TV

https://oiwi.tv

ハワイ先住民に関するニュースをハワイ語で報じる動画メディアです。ハワイ語で話している映像には英語字幕がつき、ハワイ語以外で話している映像にはハワイ語字幕がつきます。ハワイ語の就学前教育機関プーナナ・レオの紹介映像もあります（https://oiwi.tv/apl/what-is-punana-leo/）。

Papakilo

http://papakilodatabase.com/main/main.php

ハワイ語新聞のデータベースを含む複数のデータベースがまとめられています。発展的な学習や研究に用いることができます。

映画

ハワイの歴史、社会、文化をテーマとする映画を紹介します。ハワイ語の単語や表現を覚えるだけでなく、より広い社会的文脈におけるハワイ語について理解を深めることが大事です。映画を楽しむことはもちろんですが、ハワイ語やハワイ語を話す人々がどのように描かれているかもチェックしてみてください。

例えば、映画の中でハワイ語は登場するでしょうか。誰が、誰に向かって、何を、何のために使っているでしょうか。ハワイ語にはどのような意味付けがされているでしょうか。ハワイ語に代わる別の言語が話者のアイデンティティの拠り所として話されているでしょうか。

ハワイの歴史を理解するには、移民、戦争、観光、先住民というキーワードを抑えることが役立ちます。お勧めの鑑賞順は、『ピクチャー・ブライド』、Go For Broke: An Origin Story、『ブルー・ハワイ』、『プリンセス・カイウラニ』です。とにかく言語に着目するのであれば、ハワイ語はLanguage Matters (PBS)、ハワイの英語とも呼ばれるピジンはPidgin: The Voice of Hawai'iを観るとよいです。

日本語
『ファミリー・ツリー』（2011年）
『ブルー・ハワイ』（1961年）
『プリンセス・カイウラニ』（2009年）
『ピクチャー・ブライド』（1996年）
『ハウマーナ』（2013年）
『ホノカアボーイ』（2009年）
『モアナと伝説の海』（2016年）
『リロ アンド スティッチ』（2002年）
『ワンヴォイス』（2011年、ドキュメンタリー）

英語
Go For Broke: An Origin Story（2017年）
Language Matters (PBS)の該当部分（2014年、ドキュメンタリー）
Pidgin: The Voice of Hawai'i（2009年、ドキュメンタリー）
What is Ola?（2020年、ドキュメンタリー）＊ハワイ語の新たな母語話者であるケリイが世界をめぐるドキュメンタリー。以下のウェブサイトで視聴可能（無料）https://oiwi.tv/what-is-ola/

文献

ハワイ語を歴史、社会、文化といった、より広い文脈で理解するのに役立つ文献一覧です。

井上昭洋『ハワイ人とキリスト教：文化の混淆とアイデンティティの再創造』春風社、2014

後藤明『南島の神話』中央公論新社、2002

後藤明『世界神話学入門』講談社、2017

後藤明・塩谷亨・松原好次編『ハワイ研究への招待：フィールドワークから見える新しいハワイ像』関西学院大学出版会、、2004

塩出浩之『越境者の政治史：アジア太平洋における日本人の移民と植民』名古屋大学出版会、2015

塩谷亨『ハワイ語文法の基礎』大学書林、1999

四條真也『ハワイアン・プライド：今を生きるハワイ人の民族誌』教友社、2019

白水繁彦編『ハワイにおけるアイデンティティ表象：多文化社会の語り・踊り・祭り』御茶の水書房、2015

古川敏明『ハワイ語の世界』（電子書籍）大妻女子大学人間生活文化研究所、2016（以下よりダウンロード可
                http://www.ihcs.otsuma.ac.jp/ebook/book.php?id=54）

松原好次編『消滅の危機にあるハワイ語の復権をめざして：先住民族による言語と文化の再活性化運動』明石書店、2010

森仁志『境界の民族誌：多民族社会ハワイにおけるジャパニーズのエスニシティ』明石書店、2008

矢口祐人『ハワイの歴史と文化：悲劇と誇りのモザイクの中で』中央公論新社、2002

矢口祐人『ハワイとフラの歴史物語』イカロス出版、2005

矢口祐人『ハワイ王国：カメハメハからクヒオまで』イカロス出版、2011

矢口祐人・中山京子・森茂岳雄編『入門ハワイ・真珠湾の記憶：もうひとつのハワイガイド』明石書店、2007

矢口祐人・中山京子・森茂岳雄編『真珠湾を語る：歴史・記憶・教育』東京大学出版会、2011

山本真鳥・山田亨編『ハワイを知るための60章』明石書店、2013

単語リスト

a

a / ā　〜する時、〜まで、と、そして

aha　何

ahiahi　夕

a hiki loa aku i 〜　〜まで

ahonui　忍耐

aia 〜　（〜が）ある、いる

aia (nō) a 〜　〜したらすぐに

a i ʻole　あるいは

akā　しかし

akahai　優しさ

akeakamai　科学者、哲学者

aku　話し手から離れて

ala　[名詞] 道
　　　[状態動詞] 起きている

alanui　通り、（特に）大きな通り

a laila　そして

aliʻi　貴族階級

alo　顔

aloha　アロハ、愛、（挨拶として）おはよう、こんにちは、こんばんは等

aloha ʻāina　大地を愛する気持ち、大地を愛する人

a me　と

ao　光、日、雲、世界

a pau　すべての

au　私

auaneʻi　おそらく、たぶん

Auē　おお、ああ、おや

aumoe　真夜中

aupuni　政府、王国

aupuni mōʻī　王国

awa　港

awakea　昼

e

aʻe　上へ

aʻo 〜　〜の（詩の中で）

aʻo aku　教える

aʻo hōkū　天文学者

aʻo mai　学ぶ

A ʻo ʻoe?　あなたは？

aʻu　私の（kaʻu の k なし形）

e

e + 動詞　命令文

e + 不定詞　〜しに

e 〜 ana　未完了（未来）

ē　呼びかけ

Eia aʻe　（ここに〜が）ある、いる

e laʻa me 〜　例えば〜

e like me 〜　〜のように

eō　はい、ここです

e pili ana i 〜　〜について

E ʻoluʻolu 〜　〜（して）ください（文末 → ke ʻoluʻolu）

h

haku mele　作詞者

hālau　集会所、道場、教室

hālau hula　フラ教室、フラ道場

hālāwai　会議

hale　家、建物

hale waihona puke　図書館

hale ʻaina　レストラン

hana　[名詞] 仕事、行い
　　　[動詞] する、働く、作る

hana keaka　ショービジネス、演劇作品

hānau　産む

hānau hope　年下の

hānau mua　年上の

haneli　100

hāpai　上げる、持ち上げる、運ぶ

haukalima　アイスクリーム

haumāna　生徒

haupia　ハウピア

hauʻoli　嬉しい、幸せだ

Hauʻoli Lā Hānau　誕生日おめでとう

Hawaiʻi　ハワイ（の）、ハワイ人（の）、[島名]ハワイ

Hawaiʻi Ponoʻī　ハワイ自身、ハワイ王国の国民

haʻahaʻa　[名詞]謙虚さ
　　　　　　[状態動詞]謙虚な

haʻalele　去る

hāʻawi　あげる、寄付する

haʻi　伝える、言う

haʻi ʻōlelo　スピーチ

hāʻule　落ちる

Hāʻule lau　秋

he　（たくさんのうちの）1つ

hea　どこ

hele　行く

hele aku　（話し手から離れて）行く

hele mai　（話し手の方へ）来る

helehelena　顔

helu　[名詞]数
　　　[動詞]数える

heluhelu　読む

hema　左、南

hemo　離れる

hewa　[名詞]間違い
　　　[状態動詞]間違った

hiamoe　寝る

hiapo　最初に生まれた

hiki / hiki nō　いいですよ、もちろん、～できる

hikina　東

hilahila　恥ずかしい

hīmeni　讃美歌（を歌う）

Hina　[人名]ヒナ

Hiʻilani　[人名]ヒッイラニ

hiʻona　印象

hiʻu　魚の尾

HKʻA　笑いが込み上げる（Hū ka ʻaka）の短縮、（笑）

hō　あげる、贈る

hoa　友達

hoa hānau　いとこ

hoka　がっかりした

hola　時間

holoholo　遊びに行く

holoi　洗う

holomua　成功する

holoʻokoʻa　全体

Honolulu　[地名]ホノルル

honua　大地

hope　後ろ

hopohopo　心配だ

hou　再び、新しい

hōʻailona　印

hoʻāla　起こす

hoʻāʻo　試す

hōʻea　到着する

hoʻi　[動詞]戻る　[分詞]～も

hōʻike　[名詞]ショー、報告、発表、試験
　　　　[動詞]見せる、報告する、発表する

hōʻike hoʻoulu kālā　ファンドレイジングのショー

hōʻike hula　フラのショー

hoʻohana　使う

ho‘ohanohano　讃える

ho‘ohiki　誓う、約束する

ho‘ohoa　友達になる

Ho‘oilo　11月から4月までの期間、冬

ho‘okahi　1つだけ

ho‘okani　演奏する

ho‘oka‘awale　区別する、分ける

ho‘oka‘a‘ike　問い合わせ先

ho‘okomo　入れる

ho‘okūkū hīmeni　ソングコンテスト

ho‘ōla　永続する

ho‘olaha　広告

ho‘olaupa‘i　増加させる

ho‘olele　飛ばす

ho‘ololi　変える

ho‘oluhi　困らせる

ho‘omaha　休む

ho‘omaika‘i　おめでとう、祝福する

ho‘omaka　始める

ho‘omākaukau　準備する

ho‘omaopopo　［名詞］お知らせ
　［動詞］知らせる、理解する

ho‘omau　続ける

ho‘oma‘ema‘e　掃除する

ho‘onanea　楽しむ

ho‘ona‘auao　教育する

ho‘onui　大きくする

ho‘opane‘e　延期する

ho‘opa‘a　予約する

ho‘opōmaika‘i　豊かにする

ho‘opono　改善する

ho‘opuka　生み出す、発する

ho‘oulu　増やす、広げる、育てる

ho‘ouna　送る

hū　込み上げる

hua　果物、卵

huaka‘i　旅行する

hua ‘ōlelo　単語

huhū　怒っている

hui　会う

hūi　おーい、やあ

huikala　許す

hula　［名詞］フラ
　［動詞］踊る

huli　回転する、探す、検索する

hulō　やったぁ、万歳

i

i ～　　～を、～に、～へ、（原因）～で

ia　彼、彼女、それ

iā ～　（後に代名詞、固有名詞がくる場合）
　～を、～に

ia mau　それらの

Ianuali　1月

Iāpana　日本

ia‘u　私を、私に

iho　下へ、自身

ihu　鼻

ikaika　強い

Ikaika　［人名］イカイカ

i mea e ～ ai　～するために

inā　もし

inoa　名前

inoa haole　英語名

inoa kapakapa　ニックネーム

inoa Kepanī　日本語名

inoa Pelekania　英語名

inoa piha　フルネーム

inoa pō　夢の中で授かった名前

inoa ‘ohana　家族名

inu　飲む

Iokohama　横浜

ipo　恋人

ipu heke　イプ・ヘケ（ひょうたんを重
　ねた打楽器）

Iulai　7月

Iune　6月

iwakālua　20

iwakāluakūmākahi　21

iwakāluakūmālua　22

iʻa　魚

ka　名詞の印

kaha kiʻi　画家

kaha kiʻi hale　建築家

kahiko　古い、昔の、古代の

kāholo　横移動のフラステップ

kahua　基盤

kahu maʻi　看護師

ka i / kai ～　～した人

kai　海、海側

kaiāulu　コミュニティー

kaikaina　同性の年下の兄弟・姉妹

kaikamahine　娘

kaikuaʻana　同性の年上の兄弟・姉妹

kaikuahine［複数形］kaikuāhine（男性
　からみた）姉・妹

kaikunāne　（女性からみた）兄・弟

Kainoa　［人名］カイノア

Kaipo　［人名］カイポ

Kaiʻa　［人名］カイッア

kakahiaka　朝

kākau　書く

kākou　私たち3人以上（聞き手を含む）

kākoʻo　支援する

kala　許す

kālā　お金

kalaiwa　運転する

Kalani　［人名］カラニ

Kalehua　［人名］カレフア

Kaleikoa　［人名］カレイコア

Kaleo　［人名］カレオ

kali　待つ

Kalihi　［地名］カリヒ

Kamaile　［人名］カマイレ

kamaliʻi　子ども

kamanā　大工

kāmano lomi　ロミサーモン

Kamanu　［人名］カマヌ

kāmau　～し続ける

kamaʻāina　その土地で生まれた人

kāmaʻa　くつ

kamaʻilio　会話（する）

kāna　彼の、彼女の、その

kanahā　40

kanahiku　70

kanaka　人、ハワイ先住民

kānaka　人々（kanakaの複数形）

kanakolu　30

kanalima　50

kanaono　60

kanaiwa　90

kanawalu　80

Kanani　［人名］カナニ

kāne　男性、夫

kāne mālama hale　主夫

kani　音

Kanoe　［人名］カノエ

kapa　呼ぶ

kāpī　（塩を）ふりかける

Kapua　［人名］カプア

kau　期間、会期、学期

Kau　5月から10月までの期間

kāu　あなたの

kāua　私たち2人（聞き手を含む）

kau anu　寒い時季（冬）

Kaua‘i　[島名] カウアイ

kauka　医者

kaukani　1000

kaulana　有名だ

kaumaha　悲しい

kau o hā‘ule lau　落ち葉の時季（秋）

kau o makalapua　開花の時季（春）

kāuna　4つで1組

Kau wela　夏

kāwele　タオル

Kawena　[人名] カヴェナ

ka‘a　車

Ka‘ala　[人名] カッアラ

ka‘ana like　シェアする

ka‘awale　自由な、あいだ

ka‘u　私の

ke　名詞の印、〜したら

keaka　劇場

ke 〜 ala　（離れたところで）〜している
　　ところ

Keali‘i　[人名] ケアリッイ

Kealoha　[人名] ケアロハ

Kealohi　[人名] ケアロヒ

kēia　これ、この

kēia lā　今日

kēia mahina a‘e　来月

kēia makahiki　今年

kēia makahiki a‘e　来年

kēia manawa　今

kēia mau lā　最近

kēia pō　今晩

kēia pule a‘e　来週

keiki　子ども

kekahi　ある〜

Kekai　[人名] ケカイ

Kēkēmapa　12月

Kekoa　[人名] ケコア

ke 〜 lā　（離れたところで）〜している
　　ところ

kēlā　あれ、あの

kēlā mahina aku nei　先月

kēlā makahiki aku nei　去年

kēlā pule aku nei　先週

kelekiko　テキストメッセージ

kelepona　電話（する）

kēnā　それ、その

ke 〜 nei　〜しているところ

Keola　[人名] ケオラ

Keoni　[人名] ケオニ

Kepakemapa　9月

Kepanī　日本人（の）、日本の

keu　さらに

ke‘oke‘o　白色

ke ‘olu‘olu　〜（して）ください

kia‘i　警備員

Kīhei　[人名] キーヘイ

kīkala　臀部（腰のくびれから下）

kikokiko　キーボードで打つ、タイプする

kikowaena kū‘ai　ショッピングセンター

kilakila　雄大だ

Kimo　[人名] キモ

kinai ahi　消防士

kipa　訪れる

kīwī　テレビ

ki‘i　[名詞] 写真
　　[動詞] 迎えにいく

koe　残る

ko kāua　私たち（2人）の

koke　近い

kōkua　手伝う

komo　参加する、入る

komohana　西

kona　彼の、彼女の、その

Kona　[地名] コナ

kou　あなたの

kōwā　スペース

koʻu　私の

ko ʻoukou　あなたたち（3人以上）の

kū　立つ

kua　背中

kuahiwi　山

kuene　ウェイター

kuene wahine　ウェイトレス

kui lei　レイを編む

kuke　コック、料理人

kuku kapa　カパ布を叩く

kula　学校

kula kamaliʻi　幼稚園

kūlanakauhale　街

kuleana　責任

kūlelepaho　ソーシャルメディア（SNS）

kuli　膝

kūlolo　クーロロ

kumu　基盤、先生、源、理由

Kupulau　春

kupuna wahine　祖母

kuʻu　私の（愛着のあるもの）

kūʻai aku　売る

kūʻai hele　買い物（に行く）

kūʻai mai　買う

kūʻaulima　肘から下

kuʻekuʻe　肘

kuʻemaka　眉毛

kūʻono　隅、角

Kuʻuleinani　[人名] クッウレイナニ

l

lā　[名詞] 日
　　[分詞] 強調

lā aloha　バレンタインデー

lae　額

lā hānau　誕生日

lā holoʻokoa　一日中

lāhui　国、人種、人々

laila　そこ

i / ma laila　そこで

laina　列

lākou　彼ら、彼女ら、それら（3以上）

lalo　下

lana　漂う

lanakila　優勝する

Lānaʻi　[島名] ラーナイ

lani　天、空

lā piha makahiki　記念日

Lāpule　日曜日

lau　葉

lāua　彼ら、彼女ら、それら（2）

lāua ʻo　〜と〜

laulau　ラウラウ

launa like　知り合う、交際する

lauoho　髪

lawa　十分だ

lawaiʻa　[名詞] 釣り、漁師
　　　　[動詞] 釣りをする

Lawaʻia　[人名] ラヴァッイア

lawe aku　持っていく

lawe mai　持ってくる

laʻa　時間、季節

laʻa make　枯れる時季

laʻa ulu　成長の時季（春）

laʻa ʻula　紅葉の時季（秋）

lehua　レフア

lei　レイ

leka　手紙

leka uila　メール（をする）

lekiō　ラジオ

lele　飛ぶ、ジャンプする

leo　声

lepe ʻōlelo　字幕

lewa　空

līhau　静かな冷たい雨

Līhau　[人名] リーハウ

like　似ている

like ʻole　さまざまな

likiki　チケット

likiki mokulele　航空券

lilinoe　霧

Lilinoe　[人名] リリノエ

lilo　なくなる、～になる

lima　腕、手

limahana　働き手、労働者

liʻiliʻi　小さい

loa　とても、最も、長い

loaʻa　得る

loea kālaiʻāina　政治家

lohe　聞く

lōkahi　団結

loko　中

lole　服

loulou　リンク

lua　穴

luhi　疲れている

lumi　部屋

luna　上

lūʻau　ルーアウ

---

m

ma　～に、～で

---

mahalo　ありがとう、感謝する

mahana　温かい

Māhealani　[人名] マーヘアラニ、満月
　　の夜

mahina　月

mahiʻai　農家

mai　[方向詞] 話し手の方へ
　　　[前置詞] ～から

mai +動詞　～するな（禁止）

maikaʻi　良い、元気

maka　目、顔

maka hiamoe　眠い

makahiki　年

makahiki hou　新年

ma kahi o ～　～の代わりに

makalapua　ハンサム、美しい、咲く

Makaliʻi　プレアデス星団（すばる）

makana　プレゼント

mākaukau　準備ができている

mākaʻi　警察官

mākaʻikaʻi　観光する

make　死ぬ、死んでいる

makemake　[名詞] 欲しいもの、望み
　　　　　[動詞] ～が好き、～したい

ma ke ʻano he ～　～として

mākou　私たち3人以上（聞き手を含ま
　ない）

makua　親（世代）

mākua　両親（makua の複数形、mākua
　複数人の親世代）

makuahine　母親

makua kāne　父親

mākuʻe　茶色

mālama　世話をする、開催する、守る

Malaki　3月

malia　おそらく

mālie　穏やかだ

malihini　馴染みがない

maluhia　平穏である

māluhiluhi　疲れている

ma muli o ~　~のため、~のせいで

manamana lima　（手の）指

manamana wāwae　（足の）指

manawa　時間

manawa koke　近日

mana‘o　［名詞］考え
　　　　［動詞］思う、考える

mana‘olana　願う

manu　鳥

Manu　［人名］マヌ

ma o ~　~を通して、~することによって

maoli　本当に

maopopo　わかる

maopopo A i/iā B　B が A を理解する

māpuna　泉、源

mau　いつも、複数名詞の印

māua　私たち 2 人（聞き手を含まない）

Maui　［島名］マウイ

mauna　山

ma‘i　病気の

mā‘ona　お腹がいっぱい

me ~　~と

mea　もの、人、こと

mea hana keaka　俳優

mea hou　近況、ニュース

mea ho‘okani pila　ミュージシャン

mea kākau　作家

mea kanu　植物

mea ‘ai　食べ物

mea ‘ono　デザート

Mei　5 月

mele　詩、歌

Mele Kalikimaka　メリークリスマス

Melelana　［人名］メレラナ

melemele　黄色

Mika　ミスター（Mr.）

minamina　残念だ、（失われる危機にあ
　るものを）重んじる

moho　候補者

moku　島、船（mokuahi 蒸気船）

mokulele　飛行機

moku‘āina　地区、島

Moloka‘i　［島名］モロカイ

momona　太った、甘い

mō‘ī　王

mō‘ī wahine　女王

mo‘o　とかげ

mua　前

nā　複数の名詞に先行する印

nānā　見る、気にする

nani　きれいだ、かわいい

nāukiuki　イライラしている

nāwaliwali　弱っている

na‘au　臓器

na‘auao　教育された状態

Na‘u (nō)　手紙の結びの言葉（私より、
　手紙を書いたのは私）

nehinei　昨日

nei　ここ

nīnau　質問（する）

ninini　注ぐ

Ni‘ihau　［島名］ニイハウ

no ~　~から、~に、~のために、~に
　関する

nō　とても（強調）

noe　霧

noho　［名詞］生活
　　　　［動詞］座る、住む
noi　依頼（する）
noi e ～　～するように依頼する
no ka mea　なぜなら
no laila　だから
nona　彼・彼女のもの
nou　あなたのための
Nowemapa　11月
no‘ono‘o　［名詞］考え
　　　　　　［動詞］よく考える
no‘u　私のもの、私にとって
nuha　すねる
nūhou　ニュース
nui　大きい、たくさんの
nūpepa　新聞

o

o ～　～の、さもないと
ola　生命、生活、人生
ola kino　健康
one　砂浜
O‘ahu　［島名］オアフ
o‘u　私の（ko‘u の k なし形）

p

pā　皿
paha　おそらく
pahi　ナイフ
pahu　箱
pailaka　パイロット
paipai　励ます
pākahi　それぞれ
Pākē　中国人（の）、中国の
pāku‘i　添付する
palala　ブラザー（英語 brother）

palapala　文書
pale　保護
pale wāwae　スリッパ
pālule　シャツ
paniolo　カウボーイ
papa　クラス
papahana　プログラム、活動
pāpale　帽子
pāpālina　頬
papa manawa　スケジュール
pau　終わった
pa‘a　固定した、確定した
pa‘ahana　忙しい
pa‘i ki‘i　写真家
pā‘ina　食事する
pā‘ū　パウスカート
pehea　どう
pēlā　そのように
pepeiao　耳
Pepeluali　2月
piha　満たされている
piha makahiki　～周年
pīkake　ジャスミンの花
piko　へそ
pili　共にある、～に関係する
pilikia　問題
Pilipino　フィリピン人（の）、フィリピ
　　　ンの
pio　消える
pō　夜
poepoe honua　地球
poi　ポイ
poina　忘れる
poke　（ブロック状に）切る
poke ‘ahi　アヒのポケ
poli　心、腕（詩的表現）

polū　青色

poluea　めまいがする

pōloli　お腹が空く

pōmaika'i　幸運な、豊かな、恵まれている

poni　紫

pono　正しい、きちんと

pono e ～　～すべき

'a'ole pono e ～　～すべきでない

pono'ī　自身の

Pō'ahā　木曜日

Pō'akahi　月曜日

Pō'akolu　水曜日

Pō'alima　金曜日

Pō'alua　火曜日

Pō'aono　土曜日

po'e　人々

po'o　頭

po'ohiwi　肩

pū　一緒に（動詞に後置）

Pualei　[人名] プアレイ

pūhaka　腰（のくびれ）

puka　卒業する

pukana　出すこと、発行すること（第～話、第～号）

puke　本

Pukealo　フェイスブック（Facebook）

puke wehewehe　辞書

pule　[名詞] 週
　　　[動詞] 祈る

pūnaewele　インターネット

punahele　お気に入りの

pūnana　巣

puni ～　～中で

pū'iwa　驚いている

pu'u　突出物、丘

pu'u kālā　金額

pu'uwai　心

r

rula　決まり（英語 rule の借用語、ハワイ語では loina、kānāwai など）

t

tita　シスター（英語 sister）

Tokio　東京

tsā　なんてことだ！

u

ū　胸

ua　～した（完了・過去）

uka　山側

ulana lauhala　ラウハラ編み

uli　暗い色（深海の青、草木の緑、雨雲の黒など）

ulu　成長する、増える

uluna　上腕

umauma　胸

w

wā　時代

waha　口

wahi ～　ある～、ちょっとした～

wahine　女性、妻

wahine hana keaka　女優

wahine mālama hale　主婦

wai　[疑問詞] 誰
　　[名詞] 水

waihona　保管場所

waiho'olu'u　色

Waikīkī　[地名] ワイキキ

wā keiki　幼少期

Wai'anae　[地名] ワイアナエ

wala'au　お喋りする

wale　とても

wale nō　〜だけ

wā ma mua　昔

wau　私

wāwae　足、脚

wehe　開く

wehewehe　説明する

wehi　装飾

wela　暑い、熱い

welina　挨拶

wikiō　動画

wiwo'ole　勇敢な

Z

Zui/Zumalani/Zumi　ズーム（Zoom）

'

'ae　はい、賛成する

'aha　集まり

'ahā　第四に

'aha mele　コンサート

'ahi　マグロ

'āhinahina　グレー

'ai　食べる

'aina　食べ物

'aina ahiahi　夕飯

'āina　大地

'āina hānau　生まれ故郷

'aka　笑い

'akahi　第一に、最初の

'ākala　ピンク色

'ākau　右、北

'akolu　第三に

'ākoakoa　集まる

'ala　香り

'alani　オレンジ

'alemanaka　カレンダー

'alua　第二に、次に

'Amelika　アメリカ人（の）

'ana　名詞化の分詞

'ane'i　ここ（ma/i 'ane'i ここに）

'ano　いくらか、種類、方法

'ano'ai　挨拶

'ao'ao　側、ページ

'Apelila　4月

'apōpō　明日

'auana　さまよう

'Auhea　聞いて、注目して

'Aukake　8月

'awe　触手

'a'a　挑戦する

'a'ala　良い香りの

'ā'ī　首

'a'ohe　ない

Ā 'o ia　その通り

'a'ole　いいえ、〜ない

'ē　すでに

'eā 'eā　歓喜・陽気を表し、特に歌に用
　　いる

'ehā　4

'ehia　いくつ、いくら

'ehiku　7

'eiwa　9

'ekahi　1

'eke　袋

'ekolu　3

'ele'ele　黒色

'elima　5

'elua　2

'enekinia　エンジニア

'eono　6

'ewalu　8

'ia　〜される（受身）

'ike　［名詞］知識
　　　［動詞］見る、会う

'ike pili　資料

'ilima　イリマの花

'imi　探す

'o　話題の印

'oe　あなた

'oe iho　あなた自身

'ohana　家族

('o) ia　彼、彼女、それ

'o ia　そうである

'o ia ho'i　つまり

'o ia ihola　以上

'o ia mau　いつもと同じ

'ōiwi　ネイティブ、ハワイ先住民の

'Okakopa　10月

'ole　否定、〜ない、0

'ōlelo　［名詞］言語
　　　　［動詞］話す

'ōlelo Hawai'i　ハワイ語

'ōlelo kūhelu　公用語

'ōlelo makuahine　母語

'ōlelo Pelekania　英語

'olu　涼しい、柔らかい、心地よい

'olua　あなたたち2人

'olu'olu　［名詞］穏やかさ（'olu の反復形）
　　　　　［状態動詞］穏やかな

'ōma'oma'o　緑色

'ono　おいしい

'ōpio　［名詞］若者
　　　　［状態動詞］若い

'ōpū　腹

'oukou　あなたたち3人以上

'ūhā　もも

'ula　赤

'ula'ula　赤（'ula の反復形）

'umi　10

'umikūmāhā　14

'umikūmāhiku　17

'umikūmāiwa　19

'umikūmākahi　11

'umikūmākolu　13

'umikūmālima　15

'umikūmālua　12

'umikūmāono　16

'umikūmāwalu　18

著者紹介
古川敏明（ふるかわ としあき）
早稲田大学社会科学総合学術院准教授。ハワイ大学マノア校言語学研究科博士課程修了。専門は社会言語学、談話分析、ハワイ研究。著書に『ハワイ語の世界』（電子書籍、大妻女子大学人間生活文化研究所）、『わたしの外国語漂流記』（共著、河出書房新社）など。

土肥麻衣子（どい まいこ）
ハワイ州立カピオラニ・コミュニティーカレッジを経て、ハワイ大学マノア校でハワイ語を専攻。2012 年同大学院ハワイ語研究科修士課程修了。現在は日本でハワイ語講師として活動。季刊誌「素敵なフラスタイル」（イカロス出版）にてハワイ語関連記事を連載中。

ハワイ語で話そう

| | 2021 年 6 月 20 日　第 1 刷発行 |
| | 2024 年 2 月 29 日　第 2 刷発行 |

著　者 ©　古　川　敏　明
　　　　　土　肥　麻　衣　子

発行者　岩　堀　雅　己

印刷所　株 式 会 社 精 興 社

発行所　101-0052 東京都千代田区神田小川町 3 の 24
　　　　電話 03-3291-7811（営業部）、7821（編集部）　株式会社　白水社
　　　　www.hakusuisha.co.jp
　　　　乱丁・落丁本は送料小社負担にてお取り替えいたします。

振替 00190-5-33228　　Printed in Japan　　加瀬製本

ISBN 978-4-560-08903-3

会話＋文法
入門書の決定版がパワーアップ

ニューエクスプレス＋ プラス

CD ＋ 音声アプリ

シリーズ

アイスランド語	入江浩司
アイヌ語	中川裕
アイルランド語	梨本邦直
アムハラ語	若狭基道
アラビア語	竹田敏之
イギリス英語	古家聡、アン・C・イハタ
イタリア語　2色刷	入江たまよ
インドネシア語	降幡正志、原真由子
ウクライナ語	中澤英彦
ウズベク語	日高晋介
ウルドゥー語	萩田博、萬宮健策
エジプトアラビア語	長渡陽一
エスペラント語	安達信明
オランダ語	川村三喜男、佐藤弘幸
カタルーニャ語	田澤耕
広東語	飯田真紀
カンボジア語	上田広美
現代ギリシア語	木戸雅子
グルジア語	児島康宏
サンスクリット語	石井裕
上海語	榎本英雄、范暁
シンハラ語	野口忠司
スウェーデン語　2色刷	速水望
スペイン語　2色刷	福嶌教隆
スワヒリ語	竹村景子
セルビア語・クロアチア語	
	中島由美、野町素己
タイ語　2色刷	水野潔
台湾語	村上嘉英
タタール語	櫻間瑞希、菱山湧人
タミル語	宮本城
チェコ語	保川亜矢子
チベット語	星泉、ケルサン・タウワ
中国語　2色刷	喜多山幸子

デンマーク語	三村竜之
ドイツ語　2色刷	太田達也
トルコ語	大川博
ノルウェー語	青木順子
バスク語	吉田浩美
ハンガリー語	
	早稲田みか、バルタ・ラースロー
ビルマ語	加藤昌彦
ヒンディー語	町田和彦
フィリピノ語	山下美知子
フィンランド語	山川亜古
ブラジルポルトガル語　2色刷	香川正子
フランス語　2色刷	東郷雄二
ブルガリア語	寺島憲治
ベトナム語　2色刷	三上直光
現代ヘブライ語	山田恵子
古典ヘブライ語	山田恵子
ペルシア語	浜畑祐子
ベンガル語	丹羽京子
ポーランド語	
	石井哲士朗、三井レナータ、阿部優子
マレー語　ファリダ・モハメッド、近藤由美	
モンゴル語	橋本勝
ラオス語	鈴木玲子
ラテン語	岩崎務
ラトヴィア語	堀口大樹
リトアニア語	櫻井映子
ルーマニア語	鈴木信吾、鈴木エレナ
ロシア語　2色刷	黒田龍之助
ロマ（ジプシー）語	角悠介

日本語の隣人たち Ⅰ＋Ⅱ
中川裕 監修／小野智香子 編

以下続刊　各巻A5判